A escrita a postos

Copyright do texto © 2010 Júlio Conrado
Copyright das ilustrações © 2010 Carola Trimano
Copyright da edição © 2010 Escrituras Editora

Todos os direitos desta edição cedidos à
Escrituras Editora e Distribuidora de Livros Ltda.
Rua Maestro Callia, 123 – Vila Mariana – São Paulo, SP – 04012-100
Tel.: (11) 5904-4499 / Fax: (11) 5904-4495
escrituras@escrituras.com.br
www.escrituras.com.br

Criadores da Coleção Ponte Velha
António Osório (Portugal) e Carlos Nejar (Brasil)

Organização e prólogo Floriano Martins
Diretor editorial Raimundo Gadelha
Coordenação editorial Mariana Cardoso
Assistente editorial Ravi Macario
Capa, projeto gráfico e diagramação Vaner Alaimo
Ilustrações de capa e miolo Carola Trimano
Impressão Graphium

Dados Internacionais de Catalogação na Publicação (CIP)
(Câmara Brasileira do Livro, SP, Brasil)

Conrado, Júlio
 A escrita a postos / Júlio Conrado.
São Paulo: Escrituras Editora, 2010.
(Coleção Ponte Velha)

ISBN 978-85-7531-391-6

1. Literatura portuguesa 2. Literatura
portuguesa - Miscelânea I. Título.

10-11050   CDD-869.87

Índices para catálogo sistemático:
1. Literatura portuguesa: Miscelânea 869.87

Edição apoiada pela Direcção-Geral do Livro e das Bibliotecas/Portugal.

Impresso no Brasil
Printed in Brazil

Por solicitação expressa do Autor,
o livro mantém a ortografia portuguesa.

JÚLIO CONRADO

A escrita a postos

Organização | Prólogo
Floriano Martins

Artista convidada
Carola Trimano

São Paulo, 2010

Sumário

Prólogo: uma breve conversa com Júlio Conrado
Floriano Martins 7

Novela | *Era a Revolução* 17

Teatro | *O Corno de Oiro* 77

Ensaios | *Ao Sabor da Crítica* 209

   Carré, Batalha Reis, G. Swift: intriga internacional 211
   As línguas da literatura 215
   Helder Macedo: a factual ficção 219
   Jorge de Sena: um exílio em cólera 223
   Em Carcavelos, com Fiama 229

Dados sobre o Autor..233
Dados sobre a Artista 237

Prólogo

Uma breve conversa com Júlio Conrado
Floriano Martins

FM Júlio, eu queria começar este nosso diálogo justamente falando a respeito das obras que compõem este teu primeiro livro publicado no Brasil. Comecemos pela novela *Era a revolução*, recordando aqui uma valiosa referência a ela feita por Eduardo Lourenço ao dizer que por conta de teu livro "não nos falhou em tudo a falhada revolução". Para além do jogo de palavras, crendo na sinceridade do elogio, conta-nos a respeito do motivo e do próprio exercício criativo desta narrativa que o mencionado crítico considera "estridente, por vezes no limite do tolerável, à Artaud".

JC Esta novela, a que alguém chamou um curto e azedo romance (felizmente a carta encorajadora de Eduardo Lourenço atenuou os estragos provocados por esse juízo demolidor), marca uma ruptura com os pressupostos neorealistas que informaram as minhas primeiras produções. Quando somos muito novos e ambiciosos, mas nos faltam referenciais, a solução é quase sempre seguir a linha dominante. Isso aconteceu comigo, para depois compreender que o que queria não era propriamente o que tinha. Percebi que me encontrava mais próximo de um céptico lúcido do que do optimista tautológico em cuja pele me quiseram meter. Não rejeito o que aprendi porque tudo faz parte de uma evolução. Mas não me revejo hoje no aprendido então. *Era a revolução* não é, por conseguinte, uma obra apologética. Trata-se, em certa medida, de um texto catártico no qual a revolução dos Cravos é encarada a partir dos seus efeitos no homem comum, mormente aquele que não estava preparado para um abalo ideológico da magnitude do que ocorreu em Portugal em 1974/75. Mas foi também – talvez sobretudo – um exercício de liberdade numa altura em que a liberdade voltava a estar ameaçada depois de tão sofridamente a termos desejado. Faço notar que esta novela é precedida de um romance – *A Felicidade antes de abril* – em que a ditadura é severamente fustigada. Sempre existindo como personagens nucleares criaturas que são vítimas ocasionais e indefesas de uma maquinação do poder.

FM Em meio a essa aprendizagem permanente, qual o convívio que tens, para além da obra em que estão inseridos, com suas personagens, ou seja, algumas transitam de uma obra a outra, ainda que parcialmente? Ou simplesmente os dá por assunto encerrado à conclusão de cada livro?

JC Uso esporadicamente personagens de uns livros nos outros, adaptando-as sempre aos novos contextos. Há um Movimento Feminista Global na peça *O corno de oiro* que também aparece no meu último romance, *Barbershop*. Neste, fui buscar quatro personagens a *Desaparecido no Salon du Livre*.

FM O capítulo seguinte reproduz a íntegra da comédia *O corno de oiro*, uma experiência tua no teatro. No posfácio à edição portuguesa observas acerca de um apoio valioso que o teatro possa dar à literatura no sentido de recuperá-la da condição que apontas como a de "uma arte em vias de extinção". Explica-nos um pouco onde localizas um plano excepcional nessa relação entre teatro e literatura, considerando as afinidades eternas entre as duas artes, e o que te motiva a pensar neste fim iminente, algo trágico, da literatura.

JC Eu, em boa verdade, tenho fé cega num futuro tranquilo para a literatura que não seja o silêncio dos cemitérios. É do lado da *inteligência* universitária que sopram esses augúrios de tragédia, porventura impulsionados pelo receio de que as novas tecnologias arrasem os tradicionais suportes de manifestação da arte literária, ou que a concentração da actividade editorial em empresas que procuram rendibilidade a todo o custo acabe por reduzir o produto livro a mera mercadoria vendável, ou ainda que os actuais equilíbrios corporativos se desfaçam para dar lugar a outros tipos de arranjo nos centros de decisão. Falam do fim da literatura "tal como a conhecemos". Ora a peça *O corno de oiro* põe em registo paródico esta questão: "Se a literatura chegou ao crepúsculo do seu ciclo de renovação, o que podemos fazer com o que dela sobra como herança?" Reciclá-la, respondo eu, sacudindo, por exemplo, de certas personagens, a poeira do tempo, e trazendo-as à ribalta para novos desafios. O teatro, o cinema e a própria literatura ainda não dispensam, a meu ver, a história e os contadores de histórias. Se para isso a literatura tiver de ir ao fundo da sua memória repescar temas e peripécias, pois que vá. E que os refaça com imaginação, segundo padrões de qualidade capazes de repelir as meras contrafacções do já visto.

FM E como este futuro tranquilo encontrará lugar em um mundo fascinado pela voracidade tecnológica? Ou talvez ainda melhor do que fazer apostas em relação ao futuro, pensemos na atualidade, nesta circunstância que enfrentamos hoje de abismo, sobretudo da parte do escritor, entre livro impresso e livro digital. Evidente que não há mercado livre. O que indago é se o questionamento que hoje é feito em relação à pirataria de arte (música, filme, livro) está baseado em aspectos morais ou comerciais.

JC O livro digital ainda não permite a intimidade, a maleabilidade e a relação afectiva que temos com o livro em papel. Não me estou a ver, na praia, num dia de luminosidade intensa, a ler um *e-book*. Aquilo a que poderemos chamar o conforto da leitura está por enquanto ausente da versão digital. Numa e noutra, porém, terá de haver um conteúdo e uma linguagem que o transmita. Se as linguagens do futuro vierem a estar escravizadas pelo poder tecnológico ao ponto de esvaziarem todas as formas de relação humana baseadas na fala e na escrita, tal como as entendemos hoje, então sim, estaremos perante uma metamorfose radical; enquanto a dimensão semântica presidir ao discurso, qualquer que seja o *modus operandi* para fazer chegar a mensagem ao destinatário, não passará tudo de um aperfeiçoamento da transmissão de saberes. Quanto à desordem bloguista ligada a uma noção de voracidade tecnológica, as pessoas comportam-se como crianças a quem deram um brinquedo novo. A poeira assentará. Separar-se-á o trigo do joio. Sobreviverão os melhores. Sobre pirataria de arte: não tenho opinião formada sobre o que está verdadeiramente em causa. Talvez porque nunca ganhei dinheiro a sério com o que escrevo, o problema nunca foi prioritário nas minhas preocupações. Mas fico furioso quando alguém se apropria do que escrevo para o deturpar.

FM A parte final da presente edição reúne uma brevíssima seleção de textos críticos de dois livros teus, *Ao sabor da escrita* (2001) e *Nos enredos* *da crítica* (2006). Embora a narrativa seja a tua área de maior intensidade, tens na crítica, no ensaio, na atividade jornalística uma destacada presença. Como relacionar os teus temores em relação ao futuro da literatura com a atuação de uma crítica literária em Portugal? Qual, portanto, a parcela de influência, positiva ou negativa, dessa crítica?

JC Como referi, os temores não são meus. Andam no ar. Em Portugal, a crítica literária nos jornais era feita por pessoas sem qualificações académicas em literatura e cujo amadorismo teria de ser levado à letra: eram "amadores", isto é, "amavam" a literatura. Grandes críticos como João Gaspar Simões, José Palla e Carmo, Álvaro Salema, Óscar Lopes, Nuno Teixeira Neves, Eugénio Lisboa, entre outros, ou provinham de diferentes áreas profissionais ou tinham visto as suas carreiras interrompidas pela ditadura e sobreviviam como jornalistas. Eu ainda sofri alguma influência dessa estirpe de críticos de grande envergadura, a juntar a outros como Alexandre Pinheiro Torres, José Saramago, João José Cochofel, etc., que "conviviam" pacificamente com aprendizes como eu, que era bancário e provinha não da universidade mas do jornalismo cultural. Por volta dos anos oitenta do século passado a Universidade resolveu tomar conta da crítica literária; profissionalizou-a, e substituiu nos jornais um espaço de cumplicidade entre mediador e leitor, no qual este último obtinha linhas de orientação muito seguras sobre o que valia e o que não valia a pena ler, por estudos, em linguagem blindada, de conteúdo quase inacessível a quem não dominasse o novo léxico erudito. Mesmo assim fui podendo fazer crítica em publicações de onde a política de proximidade com o leitor comum não tinha desaparecido por completo e ainda hoje procuro não perder a mão colaborando com recensões na revista *Latitudes, Cahiers Lusophones*, que se edita em Paris. Fiz crítica por puro prazer, sem nunca ter deixado de produzir ficção e até alguma poesia e teatro. Sempre me sussurraram que isso era contranatura e eu sempre fiz orelhas moucas a tais avisos. Considero a literatura uma actividade pluridisciplinar na qual cabem perfeitamente o ensaísmo e a crítica imediata e por certo terei pago algo pela teimosia de levar a ideia à prática. Mas foi um grande gozo. Em substituição do que constituiu uma crítica judicativa exigente há doravante, por exemplo, o trabalho dos *lobbys* que criam uma relação espúria entre edição, televisão, jornais, prémios literários, saltando por cima da opinião crítica responsável, suplementos nos jornais onde a literatura é subalternizada pelo cinema, pelas exposições de artes plásticas, pela dança, etc., pouco cuidado e muitos equívocos na promoção de autores nacionais emergentes, racismo de idades, *best-sellers* de nulidades que trabalham na televisão, coisas assim. Todavia, na babel que é este admirável mundo novo, lá surge de vez em quando um autêntico talento, uma voz singular, um testemunho arrebatador, que leva a pensar: nem tudo está perdido.

FM Evidente que hoje ficou mais acidentado o caminho dessa disciplina multifacetada que é a criação artística e não somente a criação literária. Saímos de um passado recente, cujo *acidente* era definido pela obsessão acadêmica da especialização, e passamos para uma nova forma de transtorno, em que a diversidade se aplica como uma geratriz de múltiplas superficialidades. Uma grande e dupla cilada. E o mais curioso está em tua observação final, que contradiz a matemática do mercado, onde novos valores devem surgir em safras inesgotáveis e renovadas quase a diário. Sedutor para escritores já formados, porém mortal para jovens estreantes.

JC Concordo contigo. Também entre nós há uma euforia de quantidade. Mas sempre foi política de algumas editoras mais atrevidas lançarem fornadas de novos para depois serem aproveitados para uma "carreira" muito poucos. Se numa série de seis ou sete promessas lançadas como isco o público "morder" uma, é pôr essa a render que acaba por pagar o investimento global. Isso não significa que não aconteçam boas surpresas em termos estritamente literários.

FM E como diante disto situar o mercado editorial em Portugal?

JC O mercado editorial, neste momento, em Portugal, é um perfeito enigma. Os grandes grupos econômicos descobriram que o livro pode ser um bom negócio. De há tempos a esta parte tem-se assistido à aquisição de velhas e prestigiadas editoras, em dificuldades financeiras, por esses grupos. Nesta altura, esse processo está ainda em curso, mas se constata que três poderosos blocos reagruparam cerca de uma quinzena de editoras. Aparentemente, as editoras compradas mantiveram as suas marcas, mas é cedo para tirar conclusões sobre as consequências de todas estas movimentações, sobretudo no que respeita às políticas, em relação aos autores, de cada um dos blocos.

FM No livro *Ao sabor da escrita*, fazes um balanço duro e consistente em relação à lírica em teu país, mas que me disseste que já considera este texto datado. Em qual direção teriam caminhado os aspectos ali abordados, expansão ou retrocesso?

JC Rejeito o adjectivo "duro", embora duvide que o sentido que tu e eu lhe damos seja o mesmo. Vejamos: sempre privilegiei, quer como crítico, quer como criador, a narrativa ficcional. Em 1996, solicitaram-me um texto panorâmico sobre a Poesia Portuguesa de após-Abril para integrar um livro a publicar na Alemanha no ano seguinte, em que Portugal seria o país convidado da Feira de Frankfurt. Torci o nariz, por se tratar de poesia. A minha resposta foi: aceito, mas irei *só* até onde puder. Propus um rastreio que, não se parecendo com a "lista telefónica", fosse em todo o caso tão abrangente quanto possível. Em 1997, o texto foi publicado em livro por duas importantes editoras alemãs. Decorreram, entretanto, treze anos, período em que apareceram autores de poesia talentosos, cujos percursos, todavia, só muito esporadicamente acompanhei. De aí a necessidade de acrescentar o texto de 1996, tarefa à qual ainda não tive paciência para meter ombros. Dito isto, declaro-me, como fruidor, um admirador férreo da poesia do meu país, e tenho mesmo um poeta português preferido: Carlos de Oliveira, que por acaso nasceu no Brasil.

FM Tenho a obra completa do Carlos de Oliveira e não o publicamos ainda no Brasil por indefinição quanto ao aspecto dos direitos autorais. Usei o termo duro no sentido de rigoroso, velhos dilemas ibéricos, singularidades do português e do espanhol em suas múltiplas facetas espalhadas por tantos países. Não fizeste – sabes disto – um mero apanhado do que estava no ar em termos de poesia. O "tão abrangente quanto possível" foi pautado por tua visão de mundo. Entendo que esteja datado, supondo o surgimento de novas vozes contundentes na poesia portuguesa. E mantenho a minha pergunta: qual a vereda tomada pela tradição lírica em teu país que consolide ou entre em desacordo com o que expressas em teu ensaio?

JC Há aqui uma moeda de duas faces. Uma parte considerável dos poetas referidos no ensaio em questão, designadamente aqueles que rondam a minha idade, consolidou o seu espaço, quer com trabalhos novos, quer revendo e restaurando a anterior produção. Estou a falar de poetas que alcançaram a consagração, ou dela se aproximaram, e cujos proeminentes sinais são as edições de uma "obras completas", prémios de "carreira", etc. A outra face da moeda tem a ver com a contextualização de novas propostas, em relação ao que no meu trabalho é descrito como mal-estar finissecular, eventualmente afecto à novíssima poesia de então. Tenho, claro, dois ou três nomes em carteira que poderia avançar, como forma de contrabalançar essa visão impressionista/pessimista do estado das coisas. Mas não investiguei a situação a fundo e não me atrevo a emitir uma opinião que pode vir a ser apenas mais uma impressão. E isso não te ajudaria a classificar a minha visão do mundo nem me ajudaria a livrar-me de me expor como um ignorante na matéria. Os meus eventuais leitores brasileiros merecem mais – e tu também.

FM Um velho dilema que, ao que tudo indica, não será em nada facilitado pela retórica política de um acordo ortográfico entre países de língua portuguesa, diz respeito à ausência quase total de diálogo entre nossas culturas, não especificamente no que diz respeito à literatura. Vês alguma razão particular para essa mútua e histórica falta de interesse?

JC Visto o problema pelo prisma europeu, não me parece que o saldo seja negativo para o Brasil em termos de cultura leve. Há no imaginário português uma presença muito activa do Brasil nos domínios da festa, do entretenimento e do desporto (cantores, humoristas, canções, actores, futebolistas, carnaval, etc.) que tem funcionado como contraponto de alegria à nossa congénita melancolia. Lembro-me do sucesso colossal que foi a passagem na RTP das primeiras telenovelas brasileiras, responsáveis pela aproximação do grande público a nomes como Jorge Amado e Lygia Fagundes Telles, embora o primeiro já fosse imensamente popular por cá. Este sentimento de que o Brasil é festa permanente tem-se esbatido um pouco nos últimos anos com a eclosão de fenómenos como o da imigração, por exemplo. Tomámos contacto com o brasileiro pobre, espelho das assimetrias da sociedade de origem. A emigração brasileira para um país que tem uma das mais débeis economias da zona do Euro e que é tradicionalmente exportador de mão-de-obra, não pode deixar de criar desequilíbrios, até de natureza mítica, para já não falar dos sociais, "novidade" sempre contrabalançada, em todo o caso, pela geral cordialidade que a língua comum proporciona, quaisquer que sejam as circunstâncias. Com a crise económica para durar na Europa, pelo menos no rectângulo ibérico, e com o Brasil a consolidar o seu justo estatuto de potência mundial, parece-me lógico que muitos brasileiros que vieram em busca dos euros fortes tornem à pátria, que hoje encontrarão, talvez, mais próspera e apelativa. Levarão, no entanto, de Portugal, assim o espero, uma imagem diferente da do antigo "colonizador" que julgo prevalecer ainda nalguns espíritos menos esclarecidos e que entre nós é caso arrumado. Quanto à grande cultura, não especificamente literária, sim, há um fosso enorme no que respeita ao bailado, às artes plásticas, ao teatro, ao cinema. Não digo que o desconhecimento seja completo. Há sempre nichos que desenvolvem mecanismos de proximidade bastante úteis. É pena que algumas oportunidades sejam lamentavelmente desperdiçadas. Ainda assim, a circunstância de estarmos a ter esta conversa para um livro meu a publicar no Brasil é sinal de que é possível, com imaginação, contornar o problema da indiferença mútua relativamente ao que somos e fazemos.

FM Tua resposta traça um mapa bastante curioso. Em primeiro plano está o aspecto de haveres inserido a canção popular e a teledramaturgia no âmbito do entretenimento. Esta é leitura tua ou apenas referência à maneira como estas duas atuações – dentre as mais ricas da cultura artística no Brasil – são percebidas em teu país? O capítulo da teledramaturgia no Brasil é algo que deveria ser ponto alto de preocupação e discussão no meio, o que envolve naturalmente a crítica a este segmento artístico. É notório o empobrecimento de um gênero que alcançou uma singular dimensão estética e a fortuna de uma grande expansão em termos de internacionalização de nossa cultura literária. Pode-se dizer sem meias palavras que chegamos a exportar o que tínhamos de melhor e que hoje o fazemos em relação ao que temos de pior, tão medíocre é o estado atual do que se produz em teledramaturgia entre nós. Evidente que este aspecto agrava a ideia que se tem do Brasil, seja de sua sociedade ou de sua cultura, inclusive sem a percepção dos abismos existentes entre ambas as instâncias. Porém eu tratava do tema comum, de um diálogo entre culturas de um mesmo idioma. O desperdício é inquestionável. O que indago é sobre a sua origem. Seriam duas curiosas manifestações da presunção?

JC O desenvolvimento deste tópico levar-nos-ia, talvez, a outra entrevista. Fiquemos por um caso paradigmático de interpenetração cultural. Separemos do resto aquilo a que chamas teledramaturgia. Trata-se realmente de um segmento da cultura brasileira que mexeu fundo na sensibilidade dos portugueses. Se não laboro em erro foi Mário Dionísio, escritor e pintor, quem propôs a *Gabriela* para Portugal quando da sua breve passagem pela Direcção da RTP, em 1975-76. Só havia então o canal estatal de televisão em preto e branco. O sucesso era de tal ordem que o país parava à hora da telenovela: texto de primeira, actores de alto escol e mestria no encadeamento dos episódios encantavam todos. Havia neste processo uma componente muito importante: as falas em português, ainda que o português "desenvolto" do Brasil, eram perfeitamente assimiladas pelos diferentes extractos da população até nos lugares mais remotos. Tanto o povo iletrado, como o analfabeto, como as elites, não perdiam pitada da telenovela. Ora essa apropriação do espaço linguístico, com produtos de grande qualidade, foi tão intensa, que o léxico dos portugueses, no seu relacionamento corrente, incorporou muitas das expressões inculcadas pela telenovela brasileira. Que permanecem, 33 anos depois da estreia de "Gabriela" no nosso pequeno ecrã.

FM Uma conversa como esta nossa não chega ao fim jamais. Espero que um dia seja possível fazer circular no Brasil teus romances. Sei que através do Projeto Editorial Banda Lusófona serão publicados os teus ensaios dedicados à poesia portuguesa. Uma última palavra?

JC São várias num só voto: Que tenham longa vida (virtual, uma vez que são inventadas) as brasileiras do romance *Barbershop*, proposta para um pícaro no feminino num quotidiano de emulação profissional típico dos tempos de crise.

[Fortaleza, Lisboa – Abril de 2010]

NOVELA

Era a Revolução

À memória dos mortos involuntários da Revolução

Era a Revolução

Salustiano Bernardes pensou então no peixe. Tê-lo prisioneiro por uns minutos, depois privá-lo de vida por degola, o projecto. Mas que horror, o sangue. Que desumanidade, o golpear do anzol. Acharia a serenidade procurada nesse assassínio usando métodos limpos: os dedos travando lenta, irremediavelmente, os movimentos dos beiços polpudos, o bater das barbatanas, a cauda em febre. Vivia, porém, longe do rio, mais longe ainda do mar, não possuía cana, linha, isco, jamais sentira a necessidade de agredir a fauna aquática. Nem por isso deixou de imaginar o cárcere: um aquário. Um aquário ali mesmo, na mesa de trabalho, em cujas águas aguardasse a execução aquele que poria a descoberto a sua alma e carrasco. Assassino, ele? Sorriu. Assassino, sim. Assassino menor de espécies inocentes, conforme à lei geral do universo. Julgava Bernardes que, sacrificando aquele ser anónimo, aliviaria a tensão provocada pela turbulência que com o nome de revolução explodia nas ruas. Julgava poder assim renunciar ao diário comércio do sono – materializado nas doses maciças de tranquilizantes com que pagava o armistício nocturno. Pareceu-lhe, em conclusão, difícil, dispor de um peixe nas condições requeridas. Fizera, de resto, um pequeno açambarcamento de tranquilizantes, na expectativa de o golpe iminente poder vir a dar-se e o provável encerramento das farmácias não o apanhar desprevenido.

Tudo está a ser ostensivamente posto em causa: manifestações em cadeia, petardos, tiros, greves, desavenças entre irmãos, ajustes de contas, velhos ódios de súbito acesos. É o ventre do Outono escaldante de 75. Resgate de quarenta e oito anos de amochanço. O desespero em liberdade. A festa de um certo luto para amanhã, de certa mística suicida. Nesta *rentrée* decisiva muita coisa se passará que, a somar ao que já se passou, argumenta a favor de um sangrento passo à retaguarda, réquiem pelo romantismo social. O desastre. Ou não?

Optimistas profissionais assediam Bernardes com justificações do ponto de vista histórico assaz respeitáveis:

"Meu caro: se quer escrever qualquer coisa que valha a pena, não se esqueça de que este é um tempo entre uma era extinta e uma era que começa.

Pedimos-lhe que reflicta. A razão e o futuro estão do nosso lado e você sabe isso perfeitamente. Se não tivéssemos a certeza de que vai concordar connosco não estaríamos aqui nem seríamos optimistas. Acontece que para tal nos pagam, coisa de somenos porque o seríamos em qualquer caso. Nada se consegue sem crença e sem luta. Verdade? Verdade. Num ponto, ao menos, os nossos pensamentos coincidem. Agora, atenção: é preciso que os que lerem a sua novela fiquem a saber que o preço pago na banca do livreiro constituiu um sacrifício incomparavelmente mais humilde do que o exigido aos arrancadores das velhas raízes, aos cientistas das transformações colectivas que nas prisões congeminaram o resgate do homem português. Pondere bem nisto."

"E se não estiver de acordo?"

"Damos uma palavrinha aos sindicatos e você não vende um único exemplar."

Bernardes pede-lhes (com delicadeza) alguns esclarecimentos:

"Tendo em conta a situação actual, não acham que falharam por não conhecerem o barro que vos deram para moldagem?"

A resposta dos optimistas não se faz esperar:

"A situação actual, não sei se a conhece por dentro, é controlada por nós na totalidade. Ainda que nos fosse desfavorável, o defeito poderia ter sido da qualidade do barro, embora ao artista coubesse a responsabilidade de se assegurar da boa resistência do material. Mas a moldagem, com erros, com defeitos, prosseguirá até à vitória final".

Bernardes insiste:

"E por cada erro de moldagem quantos indivíduos serão sacrificados?"

"Milhares. Mas nós não acreditamos em indivíduos, acreditamos na História."

Lembrou-se de terem-lhe dito que por já não haver tiranos era preciso inventar outros. Alda – que conhecereis em breve em pormenor – assegurara:

"Dentro de dias, velhos tiranos serão chamados ao serviço activo".

"Que tipo de velhos? Algum Salazar?" – perguntara.

Ela sorrira, enigmática, dando a entender que Bernardes quase fora capaz de decifrar a charada.

E a Bernardes acode perguntar aos optimistas:

"Já sabem dos tiranos?"

Os optimistas, porque o são em todas as circunstâncias, mesmo as mais delicadas, replicam sem se desconcertarem:

"Nada estamos autorizados a adiantar quanto a segredos de Estado. Porém, porque acreditamos que você é recuperável para a Causa, vamos dar-lhe uma prova da nossa boa fé, transgredindo, no espírito e na letra, os estatutos a que nos vinculámos por juramento. Receberemos todos os homens de boa vontade. Corre por aí que nos propomos ser generosos e loquazes. Nada mais falso. Seremos corteses e frios. É preciso que se saiba quem manda. Se, constatado isto, persistirem em se aliar a nós, poderemos negociar algumas peças dos arquivos. Queimar, até, uma ou outra lauda mais comprometedora. Depois de nos venderem completamente a alma, claro está."

Alda, com certa surpresa de Bernardes, fizera a sua opção de classe: tomara o partido da reacção. Na cama, tornara-se difícil, de uma frigidez calculada, encenada. Longe a suspeita. Mas agora. Dera em exprimir-se por monossílabos. Quase fechada. Espaçado, o jorro de verbo azedo. E lá vinha a política à baila. A princípio, Bernardes perturbara-se, nada do que ela dizia fazia sentido e era seu. Sabia-o por ela; sabia-o por si: julgava conhecer de um modo tão preciso tanto as suas necessidades afectivas como os seus anseios libertários que se metera a tentar adivinhar quem a teria violentado assim. Também ele a distância, por fim. Com alguma dor. Ela partira sem dizer que voltava. Ele compreendera muitas coisas – muita saída em falso, muita indiferença e muita repugnância – quando lhe vieram segredar que ela juntara os trapos aos do Júdice, fascista notório e machão afamado. A remota hipótese de que ela pudesse regressar perturbava-o mais do que seria admissível nas actuais circunstâncias. Poderia perdoar-lhe a experiência frustrada, mesmo os orgasmos a fornicar com o outro. Que utilizasse homens, os que quisesse, mas que não se atrevesse a implorar-lhe benevolência para com o imbecil que a deixara naquele estado. O olhar gume. O ácido das palavras. O vinagre dos gestos. Que farrapo tinham feito dela, logo dela, que fora boa e generosa. Que ainda ontem, na revolução, esbanjava cravos pelos hesitantes do povo unido. Apesar disto, tarda em convencer-se de que já não a quer de volta.

Foi nesse encontro com a solidão que descobriu as jovens em fogo pelas ruas e praças do burgo. A muitas delas chegou a dedicar excelentes monólogos. Ponde sorrisos nos lábios e aguardai os ócios da conquista: sabereis que a dor da partilha é transitória e que o medo é um sentimento ainda mais fugaz. E depois? E depois? Querereis dar-vos já, como quem esbanja pétalas para inventar qualquer felicidade apressada. Esperai. Sede pacientes. Escutai com prudência o discurso do senso comum. E depois? E depois? Desenhai o futuro, sem agredirdes o monstro adormecido que em cada homem vive. Deixai-o despertar, compreender. Depois de se espreguiçar, olhará em volta, calmo, surpreso. Será dia. Não lhe toqueis. Consenti que seja ele a procurar-vos. E depois? Triunfareis então. Sereis donas da vida social como sois donas do laboratório vital. Oh, mas a moça descalça, a agitar a bandeira vermelha, à testa do cortejo, nenhum pacto prudente congeminava. Seguira-a. Horas a fio. Sem lhes dar a saber que existia. Se ela pudesse ver-se. A camaradagem dos que de ontem tinham vindo saudá-la, outros. Com seus tractores, seus ancinhos, suas bocas cheias de esperança. Soldados e marinheiros entrançados em cacho nos estaminés engalanados com lindas palavras de ordem em forma de cartaz. Todos praticavam a idolatria colectiva, todos haviam esquecido a servidão, as rajadas no capim, todos tinham vindo beijar-lhe os pés como se estivesse em amanhã. E estava. Mas eram elas, eles, tão poucos. Perdera-a de vista na madrugada, não chegara a saber o seu nome nem em que partido militava pois que a manifestação fora unitária e as simbologias mitigadas.

Logo na tarde desse dia aqueloutra mulher que agitava por cima das cabeças dos do seu bando um bocado de pão o levou a esquecer a da madrugada. Um bocado de pão? Um bocado de pão. Casqueiro de segunda, rijo, negro. Chegara de terra longínqua, triste, seca. Do deserto. Por isso os foliões da política a saudaram com um calor positivo e grave. Depois repararam que nos joelhos, nas mãos, nas maçãs do rosto, trazia sinais de lepra. Procuraram isolá-la do corpo da manifestação sem contudo a expulsarem dela, enquanto de boca em boca era comentada a sua presença com veladas exclamações de horror. Os organizadores do desfile foram peremptórios: era preciso salvar as aparências, custasse o que custasse. Ela era um trunfo tão decisivo – o deserto, o casqueiro, o aspecto – para que tudo se passasse como fora previsto, para que tudo parecesse como era preciso que parecesse. Na manhã seguinte, os jornais afectos aos optimistas publicar-lhe-iam a fotografia nas primeiras páginas (com destaque para o pedaço de pão que não parara de agitar) acompanhada de grandes títulos em caixa alta. Não diriam, porém, uma única palavra acerca dos motivos que levaram os radicais pequeno burgueses, finda a manifestação, a correrem, como loucos, para as urgências dos hospitais, a desinfectar-se.

Antes de ela partir para a sua terra distante, seca e triste, Bernardes, distraído, sem suspeitar da natureza do pavor que pusera em debandada tantos propagandistas da luta contra a fome, propôs-lhe fazerem amor no apartamento dele. Para começar a esquecer Alda no concreto. A mulher esteve sempre muda. Acompanhou-o e, na penumbra do quarto, despiu-se. Manteve-se nua durante alguns segundos. Bernardes desceu então ao pormenor, fazendo aparecer a luz, fazendo-se luz no seu espírito. Púbis em chaga disforme. Horror! A pobre voltou a vestir-se e, sem falar, abalou.

Um sorriso. Um sorriso na tarde, com endereço. A classe operária mobilizada no Terreiro do Paço. Esgaravata, Bernardes. Esgaravata. Busca a verdade, busca. Talvez aqui, junto a estes. Puros. Escuta-lhes as receitas infalíveis para os teus pesares e suplícios. Parecem dignos. Um pouco convencidos de que sabem tudo do mundo, mas dignos. Dezenas de respeitáveis fantasmas alimentam a sua sinceridade. Dezenas? Que digo! Milhares. Os de Outubro, Cantão, Moncada. Põe de lado a ideia de que Salazar tem mais a ver com a revolução proletária portuguesa do que Fidel. Que não entender isto é evitar deliberadamente o nó do problema. Bebe do que eles bebem, verás o que eles veem. Nada perguntes. Quem pergunta leva roda de provocador. Aceita. No aceitar é que está o ganho. Põe, Bernardes, no sorriso, apreço onde está ironia. Será o sorriso de outra alma, de uma súbita vitória. Deixa por ora Alda e o velho. Entrega-te. Bebe e bebe. Dá as mãos. Forma cordão. Rompe. Avança. Morde as palavras novas. Raiva, homem. E um justo ódio por estandarte. E uma justa luta à sobremesa. E um justo prémio dentro de cem anos.

Havia mesmo ali lugar ao espanto, olaré! Bernardes varado, nem queria acreditar. O filho da puta do Lopes, de megafone em punho, braçadeira a comandar as hostes, imagine-se. O sorriso de Bernardes a morrer no trauma. A estupefacção e a estúpida paralisia cúmplices na suspensão da crença. Revolução do caralho! O sacana do Lopes naquilo, a devorar palavras de ordem. Boininha à Ché, barbicha rala e um comprido blusão de cáqui esverdeado. E aquele carpinteiro naval da Lisnave, comunista emiele, todo feito com o Lopes, o "aliado" Lopes, que se calhar se passou para o poder popular por não o terem indemnizado enquanto accionista da Banca. Ofereceria ele para quartel, à Isabel do Carmo, a sua luxuosa vivenda no Guincho? Aí, ó grande Lopes! É assim mesmo!

Em vez de seguir para a Trafaria sob a batuta do Lopes, dirigiu-se para a casa do tio padrinho a fim de se avistar com a famelga, meditando, pelo caminho, no estranho fenómeno que põe fascistas dentro da revolução e antifascistas fora dela.

Amanhã, ao acordar, saberá da falsa presença de Alda no que ao sonho não foi capaz de subtrair. É que, quotidianamente, o dever, a selva. Trabalho venerador e obrigado, ainda um certo optimismo *marketing*, em quebra crescente. E a luta de classes. Assim: porque Bernardes tem de se bater pela broa em vez de militar na profissão de seu gosto, esteve em carne e osso implicado em nefandos crimes contra a humanidade. Primeiro crime: é chefe, lá no Banco. Segundo crime: é competente. Terceiro crime, primeiro em importância: opôs-se a que A. Perneta, um incompetente, pisasse, em 72, a promoção do camarada mais antigo. Dói, revolução! Compõe a tua secção necrológica a errar na escolha dos aliados. Tens as costas largas, serás tu a pagar a conta.

Resumindo: pôs-se de pé um cenário para responsabilizar Bernardes em RGT por crimes da natureza daqueles que em Nuremberga foram imputados aos assassinos de várias dezenas de milhões de pessoas. Que viva a Revolução! Que viva esta tragédia de pôr os novos donos com alma de lacaios a decidir da vida dos antifascistas autênticos e sacrificados que eles não foram. Viva! E qual era a concreta acusação de A. Perneta? Uma denúncia de fundo: considerava ter sido atacado em 72, por Bernardes, nas suas liberdades fundamentais – que naquele tempo Perneta defendia a lamber os colhões ao Marchueta e seus muchachos. Veio a saber-se que Salustiano Bernardes, segundo o *Diário da Manhã*, a *Época* e o *Agora* fora tido na longa noite por revilharista e que, segundo o doentio vaticínio de Alda, sempre tão propensa ao exagero, devia o nome dele constar dos ficheiros da Pide como assalariado de Moscovo. Isto, portanto, soube-se e o caso ficou completamente esquecido.

Palpita, camarada, o que foi a minha ambição de outrora. Construir uma cidade. Uma cidade assim: casas dispersas por vinte ou mais colinas, muitos arcos mouriscos, bastantes roseirais. Um divã no pátio de cada casa onde fosse permitido fazer amor sem formalidades. Ou à simples apresentação do crachá de cidadania. Constaria da Constituição que fazer amor seria como trocar um cumprimento vulgar. Bom dia. Boa noite. Boa tarde. O regimento dessa cidade consagraria o amor como razão de estado, a guerra como orgia de bárbaros. "Para fazer amor não há horário, quem escolher a guerra será executado." Giro, hem, camarada! Propõe isto lá no comício, é obra para iluminados. Digo-te que, por mim, desisti. Vocês burocratizaram-me os sonhos. Já não consigo imaginar cidades desprovidas de guarda a cavalo e paisanos da polícia a cada esquina. Ando completamente exausto. Calcula que naquela tarde desmanchei o cravo, pétala a pétala. É louco, pensa o camarada, só me aparece disto. Desmanchei, palpita, o cravo, afiança Bernardes, tentando acompanhar a passada larga do outro em direcção ao Campo Pequeno, onde falará o político que venera como o próprio pai. Desmanchei o cravo e logo a seguir vendi o emblema. Enganas-te se pensas que fiquei por aqui. Desfiz-me da blusa com o enorme distintivo bordado. Admiras-te? Não te admiras, com certeza, de nada, és um homem de ideias arrumadas. És da linha dura, ó tu do passo estugado. Mas isto ainda não foi o meu melhor. Tens de me gramar até ao portão principal do redondel, a menos que puxes da arma que sei que trazes aconchegada no sovaco. Pois bem: tapei os ouvidos com algodão. Um jovem colava cartazes quando fechei os olhos. Assim vagueei pela cidade: sem ver e sem ouvir. Até que esbarrei num sólido liso e metálico. Magoei a testa. Apertando muito os dentes uns contra os outros, lá fui resistindo à necessidade de abrir os olhos. Continuei a tactear, a progredir na cidade, ao acaso. Fugia, percebes? E levava já um grande fardo de escrúpulos às costas quando um dos tampões de algodão se soltou e caiu. Ouvi então distintamente a voz da mulher. "Quem quer comprar um raminho de heroísmo?" Hesitei. Abri os olhos. Aquela vinha, talvez, salvar-me. Reparei que os transeuntes apressavam o passo, ao aproximarem-se dela. Acelerei. Mais adiante, outra ambulante anunciava aos ventos: "Quem quer comprar um raminho de egoísmo?" Estava bem afreguesada, fazia excelente negócio. Chegou-se a mim, a cochichar: "Vai um raminho de egoísmo, freguês? Olhe que não encontra mais barato." Prefiro o heroísmo, respondi. Voltei atrás, à procura da primeira mulher, a que vendia raminhos de heroísmo. Não a encontrei. Consta que agora vende às portas das fábricas. Esta hesitação tive-a porque, no principal, ando às turras com o puto. Por conseguinte, camarada, pede Bernardes, sê tolerante. Enfim, na medida do que te for possível, meu falcão das esquerdas. Põe-te neste rapazelho magro, de olhos desolados, que viaja comigo e fui eu em pequeno. Entendemo-nos mal. Eu, estou neste mundo; ele, no outro. Compreendes? Nem um leve esforço de inércia, nem uma pausa a interromper o teu célere andar. És dos que apagas o que pisas, dos que só têm em mira o Alvo, doa a quem doer. Estás a levar a mão ao coldre escondido na axila, mas não me intimidas. Hás-de ouvir o resto. Mesmo que me arrisque a apanhar um tiro. Que, digo: não és homem para tanto. Vou mesmo mais longe: ou muito me engano ou estás a gostar de ouvir-me. Não podes é dar o flanco por causa do espírito de militância. Fica entre nós, deixa lá. Vê tu. Eu, este puto. Bem podia andar contigo, lá no *Século*, a moer os gajos da *Luta*, a moer. O puto é que não me larga. Difícil descolar do gajo. Pr'aqui ando a fingir que existo. Dói. Paciência. Quando me sinto sem terreno debaixo dos pés, chego a voltar-me para ele, apesar de o detestar. Gozamos os lumes da cidade em voz, estabelecemos tréguas frequentes. Cabe-lhe às vezes um gesto desgarrado de amor, sai-lhe da boca um assobio, eis-me rendido, fraco. Cremamos ócios, às tardes de ritos beatos. Violamos as santas da nossa linda idade antiga. Esforçamo-nos por limpar da memória todas as manchas da lei velha. Neste ponto, porém, não estamos completamente de acordo, é quando o moço começa a descarrilar, a discutir. Avanço que é preciso queimar os retratos de família, destruir uniformes, fazer desaparecer condecorações, deitar fogo ao covil do tio-padrinho. Quem o convence? Bate o pé, o cabrãozito, invoca o clã, uma certa ideia de donos de impérios, a pontaria de Deus, o estádio nacional, a ponte sobre o Tejo. Seu reaça! – estoiro. É o fim da trégua. Paradoxalmente, acalma, muda de táctica. Põe-se com momices, dá-me toda a graxa do mundo, adula-me, como se nenhum contencioso existisse entre nós. Por conseguinte, camarada, pede Bernardes, sê tolerante. Enfim, na medida do que te for possível, meu falcão das esquerdas. Porque o gajo, as momices, a manteiga, os amortecedores, percebes. Eu, parvalhão, vou-me a baixo. O fulaninho recusa a luta e desmobiliza-me para o combate. Eu, estúpido, lasso no encanto. Transijo ao seu mel, à sua lábia. E, hipócrita, incita-me a reduzir a pó tudo o que bloqueia o são convívio. O mito. O medo. O instinto. Leva-me à certa. Ingénuo, sigo-o, volto a acreditar que está de boa fé, que quer honestamente libertar-se do mundo velho e aderir ao mundo novo. Quando presume que me convenceu da nobreza dos seus sentimentos muda outra vez de táctica, chama-me comunista com aquela ênfase tramada dos anti-comunistas pré-históricos, ameaça correr a Caxias a queixar-se aos presos da ex-pidedêgéésse para que, "quando isto der a volta", não deixem de levar em conta a sua denúncia resistente. E é com uma encomenda destas que tenho de me haver, talvez para sempre.

O do passo estugado dá finalmente o tal sinal de pausa. Reduz lentamente a marcha. Acaba por parar.

Agarra as abas do casaco de Bernardes, fá-las chegar, num gesto brusco, com os punhos em riste, ao queixo dele, e vocifera, transtornado:

"Vai-te, arrenego! Blasfemo! Vai-te, possesso do Demónio! Vade-retro, Satanás! Cruzes, canhoto!"

Só então Bernardes estabelece, perplexo, que o camarada é um místico. Na terra em que o sol da era social aquece. Essa mesma, roubada à má fila aos terrores sem voz. Que país, olalá, novelo de espantos. Sem freio na língua, por ora. Sem freios no que quer que seja. Rebola, olalá, país. É que está, por modos de ciência aplicada noutros mundos com sinistro êxito, a prever-se um fatal desenlace e nenhum reparo em curso, nenhum aperto do coração, nenhum alerta sensato. CIA & Cª, como parece saber-se e simultaneamente ignorar-se, quem lhe toca a sombra? As aves canoras, voando com celeridade pelo trilho vitorioso da derrota, negligenciam esses itinerários de mau agoiro. Ninguém duvida da eficácia das palavras lâminas que no entanto desembocam na expectativa da tragédia. A acontecer o desastre, os ímpios irão trancar-se nas caves ou dirigir-se-ão sorrateiramente para as fronteiras. Desaparecerão das praças, dos becos, dos jardins dos palácios, reconciliados com a sua velha clandestinidade e levando às costas uma mochila cheia de memórias felizes e curtas. Bernardes no pesadelo, Bernardes, tonto, a "ouvir" o troar das lagartas, o troar das lagartas ocupando o espaço do sonho. Os corvos, outra vez os corvos, expulsarão as aves canoras das gaiolas douradas. Que não somos capazes, que sofremos de uma inaptidão congénita para passarmos disto: corvos, aves canoras, corvos. Que não haverá em nós talento senão para semelhante mijarete gregário: aves canoras, corvos, aves canoras.

Nem todos, porém, na flecha. Certos de nós, deles, firmes, inteiros. Bons. Tal como, lembra-se Bernardes, o *ganso vermelho* da quermesse do sol, em Agosto, seu Amigo. Digo-te, Amigo, com toda a convicção: nasceste num belo lugar onde não me importaria de morrer. Falo-te com o coração nas mãos e na boca. Vives perigosamente. Admiro-te. Minto só quando quero e, contigo, nunca. Morrer em arco-íris, em luz, em ondeio branco, de borco na areia, em grande estilo. Ou, em alternativa. Se, do molhe, alongo a vista. Estimo. Um dia. Ao encontro de areais puríssimos batidos pela aragem do norte, no repouso definitivo penso, para a paz intensa do último segundo sugiro uma conspiração com esta paisagem verde-azul. Fechar os olhos, aqui, flutuar numa tina rochosa cheia de mar, até me decompor nele, ser devorado por qualquer cardume louco, tornar-me tão mar como ele, mar, que privilegiada síntese.

Atormentando-me de morte, badalo, contigo, apesar de tudo, sobre a vida. Comento, comentamos, o ciclone de ira que varre o Minho, o Douro. Falas da procissão, do fundo religioso do povo simples, dos piquetes na vila.

Pregas a vigilância revolucionária – mas com que sensatez, com que realismo, tão em contraste com a grita copiosa dos teus sectários companheiros! – contra os profissionais do terror que receias se dissimulem entre os acompanhantes ou de permeio com os pescadores que transportam os andores aos ombros. Se atacam as criancinhas vestidas de anjinho, como é?! Desfaça uma bomba um anjinho e pedir-te-ão logo a cabeça, aos brados de morte aos gansos vermelhos. Os mesmos a quem desenhaste a luta nas traineiras e para quem és um ganso honrado, acima de toda a suspeita. Juntámo-nos no desejo de que as crianças vestidas de anjinho desfilassem, incólumes, com a elegância harmónica dos trevos. Não pelo que representavam mas pelo que eram: crianças de um mundo antiquíssimo, pisando a estrada nova do regate que dificilmente lhes abres, sem lágrimas, sem queixumes, sem falatório chocho. Com actos. Com nobreza. És um gajo mesmo fixe, velho ganso.

Pensar em Alda. Outra fatalidade, outro suplício. Desnudá-la por dentro, conceber um espectáculo de *striptease* mental, só de o admitir, dói. Bem que Bernardes, sabendo-a nos braços de outro, a tente queimar como hipótese de resgate existencial, como possibilidade de vida partilhada. Mergulha, contudo, não deixa andar. Tontura? Demissão? Ela achava-se importante para o Júdice, talvez pensasse que o poderia escravizar como a ele, Bernardes, pusera em toda aquela maquinação grandes esperanças. Sustentou, porventura, a crença na luta de galos que não se deu. O Júdice, sim, é um duro. E ele, Bernardes? Borrar-se-á como um puto sob os voos picados dos aviões? A marcha nas ruas é bela enquanto vigora o acordo de tréguas, enquanto a morte está só nos gritos e nos *grafitti*, enquanto o balão não incha em excesso. Quando for urgente sair para o combate, imperioso pegar em armas, desejável matar, talvez o silêncio. O silêncio sem nesgas, sem cauções, sem véus de cerimonial, passeando-se sobre os despojos desgarrados dos livros. Naturalmente. Como se, quando falam de luta, alguma vez o façam por estarem dispostos a verter o sangue! Ora adeus! O que os traz animados e viris é o sentimento da festa, os recalques de antigamente trucidados pelo que o entusiasmo tem de inocente, não pelo que nele possa haver de ritual guerreiro, de cego envolvimento num destino de violência.

Preparando o álibi. Bernardes e a má consciência do erro alheio a desculpar a própria. O disfarce para os outros. E era, da mentira do rosto, o cliché que ficava, não registando, como devido por rigor cadastral, o prudente desvio da linha de tiro. Assim, a máscara, na sua intacta perfeição, na sua infinita capacidade de transfigurar, cingida ao corpo, mentia, impondo essa mentira como verdade, dando do homem a ela colado o retrato da força que não tinha. Alda não era dotada dos talentos de Bernardes. Sentia-se mal de máscara, achava-a sempre larga, o artifício estava longe de ser o seu forte. Nas constantes rupturas era patente a ineficácia dos esforços para ajustar a máscara. Afirmar-se na mudança era para ela uma forma de honestidade. Saudou ontem Cunhal com a convicção, com a convicção com que amanhã aclamará Neves. Tão sincera ontem, como hoje, como amanhã. Sem o peso morto do ontem a influenciar o hoje. Alda *é*. E *sendo*, oferece-se inteira, total, aos outros. Bernardes, não. Bernardes é uma soma de passado, mais futuro, Alda, uma soma de presente mais presente. A diferença.

Bernardes, no limite do tolerável, cedendo à paixão. Um bom. Aberto a todas as conciliações do mundo que lhe permitam reaver Alda. Por amar a vida e desconhecer a teoria da traição. Quis deixar de pensar na mulher e acabou a inventar-lhe o regresso. Que consolo da gaita! O Júdice, traficante de explosivos e consta que também de carne branca, não deixará pedra sobre pedra do edifício que ela ainda é. Mal se descuide anda na rua a xis a bandeirada. Ele há-de encontrar nas gavetas da revolução espaços para os seus comércios escuros. Falará bem alto a costela de empresário comum aos da sua laia. Na estreita margem de manobra imposta pelos tempos que correm, obviamente. Júdice: Alda igual a mercadoria; Alda: Júdice igual a orgasmos a tempo e horas. Uma mistura explosiva, um provável equívoco salvador. Alda voltará, profetiza Bernardes cheio de confiança no destino, a não ser que por orgulho se degrade, que, por soberba, escolha nos bares refúgio para si mesma e no álcool defesa contra a memória e a sua unidade ameaçadora. Acolhê-la-á com certa compreensão paternal. "Alda, minha querida, põe-te à vontade. Esta é a tua casa. Tens os móveis nos lugares, os utensílios onde os deixaste. Tudo, aqui, recorda a tua presença." E ela, de olhos baixos, verterá uma lágrima de significado dúbio mas na qual ele verá um sinal amistoso. "Então, meu amor? O que lá vai, lá vai." E ela, descerrando as pálpebras: "Como és bom." E ele, contemporizador: "Começaremos tudo outra vez." E ela, atacada de súbita melancolia, que ele não decifra e julga outra, como um arrependimento ou um remorso, cortando o fio àquela conversa de chacha, vertendo apenas uma segunda lágrima. De ódio. E que Bernardes, bem entendido, será incapaz de descodificar, de lhe interpretar o sentido, visto que todo este imbróglio o arquitecta, ele ao ater-se nas evoluções do bicho no aquário, à medida que o tranquilizante o dispara no sono.

Não seguiu para a Trafaria, com os soldados, os marinheiros e a malta. Influência do filho da puta do Lopes. Apontou para casa do tio-padrinho. Trinta horas em coma. Rescaldo: meia carcaça fora de combate. Bravo, tiozinho. Bravíssimo. Fizeste questão de não rebentar na minha ausência. Pois bem: aceito vigiar o teu derradeiro teste de resistência. A meu modo. Claro.

Bernardes encontrou, antes mesmo de transpor a porta do segundo direito do prédio da rua da Lapa, referências muito nítidas ao tempo adolescente. Como aquele odor às tábuas velhas que, ao subir as escadas, se lhe entranhava pelas narinas. Não era um cheiro qualquer, era uma bufa do passado. Galgando os degraus, ia articulando ecos, fragmentos, imagens situadas num tempo e num território inimigos. Olhando o corrimão de ferro, gradeado, com ornatos de fim de século, penetrava agora como invasor, no reino das sombras detestáveis, familiares, ainda, apesar do verbo solto nas ruas, cheias de poder. No domínio mental de Deus, os cordelinhos do império, a prática quotidiana de certa caridade, o puritanismo de fachada, vigoravam em pleno naquele mundo interior intocado. O mundo de náusea ao qual num dado momento da sua vida endereçara repto de morte. De morte? Assim julgara, pelo menos. "Desaparece, ingrato. Que nunca mais te ponha a vista em cima." A voz do tio padrinho quando não era um rouco de meio cadáver. Quando era a voz da autoridade substituta do pai operário morto. Quando fazia falar a tirania da caridade beata ofendida.

Tio padrinho: visito-te porque, entre outras coisas, não podes rir-te. Não suportaria o riso coice, o riso baba, o riso verme com o qual não deixarias de honrar-me. Vim para ajudar a enterrar-te, não para me enfastiar com defuntos vapores, com crises de criança velha mal vivida na hora da prestação de contas ao seus fantasmas. Estou aqui porque o desejo de te dar um pequeno empurrão para a cova supera a minha reserva de indiferença. Dirás que sou cobarde. Sim, no sentido que pensas, sou-o. Mas desta minha maneira de ser cobarde salva-se o contentamento de ter ajudado a humanidade a livrar-se de mais um vilão. Despeço-me de ti com o que os outros tomarão por afago e só tu e eu saberemos tratar-se do último directo nos maxilares, que encaixarás a muito custo, destroçada que está a tua famosa capacidade de resposta.

O directo nos queixos. Ora vamos lá a prepará-lo! Usarei uma técnica original. Tudo nesta terra é original. Todos os de menos de cinquenta anos descobrem a pólvora. Um produto muitíssimo original. Eu cá também vou ser original. Olha: que dirás ao emblema do PCP na lapela? Como não sabes que colecciono emblemas… Lencinho vermelho ao pescoço, camisola encarnada, nesta um autocolante: Sou comunista. Porque não tu? Corneei-te na tua própria casa com a tiazinha, vinte e quatro anos mais nova do que tu, e soubeste, meu ladrão, meu melhor dito senhor cabrão, disfarçar muito bem o trabalho. Expulsaste-me de casa, ganhaste muito com isso. Mergulhaste a tiazinha numa grande tristeza, foi o que foi. Podia ter sido bom para os dois, velho, se tens sabido fazer as coisas. Agora estavas em posição óptima para tirares partido dos meus desaires com a putéfia da Alda. Dirias, se pudesses: sempre cá vieste parar, ao clube dos cornudos. Mas não podes. Da tua boca só sairá uma gemideira mal amanhada.

Pôr-me-ei a falar da tua saúde, a carregar as tintas, a verter o discurso negro, com o que a tiazinha classificará de "muito tacto". A dizer (eu): que pena, um homem com tanto ainda para dar aos outros, a um passo de ir desta para melhor." Ou então: "Desta cepa já não há muitos, é mais um que se apaga." Ou assim: "Era uma pessoa corajosa. Vai fazer-nos imensa falta." Isto é: a tecer o teu elogio fúnebre em voz bem alta, com "muito tacto", apesar de saber que vês e ouves perfeitamente do lado bom.

Eu cá, Bernardes, sou como sou: estou sempre encoberto pelos acontecimentos, cultivo os prazeres da sombra, faço vénia aos luxos opacos do incógnito. Deixei há muito de me envenenar com o ópio da boa educação. Peido-me para a tua respeitabilíssima meia face. Assumo a vida ajudando a limpá-la dos resíduos que nela foste esquecendo: removo-os como os padrões das colónias apeados pela História ao virar a sua própria página. Repousa em paz. Mas só depois de te moer um bocado a pinha. Já que engendraste o monstro que sou eu, aguenta-te no balanço. Terás o que mereces. E te agradeço o assim feito. De contrário, divertir-me era ver-te de saúde e tu veres-me em submissa pose, a cada susto de poder. Adeus, até ao meu regresso. Inventaram-na os teus, a frase, e puseram-na nos lábios dos que não sabiam se seria lícito enfiarem o garruço dessa treta. Não lhes tinham ensinado senão a morrer, só esse teor de (im)perfeição conheciam. Adeus, até ao meu regresso, imbecil – que não voltarei a visitar a menos que a tiazinha se deixe copular nas tuas barbas. Incapaz, a santa senhora, de tão devota, tão prudente. Leu Zola e não quer entrar na literatura às cavalitas da pouca vergonha. Já lhe basta o peso, na consciência, de um passado pouco edificante que ela resgatou com muitos padres nossos, muita ave-maria, ámen.

A tiazinha escandalizada:

"Não sabia que eras comunista."

31

"É uma questão de moda, tiazinha. E não só. Desde que ameaçaram sanear-me, lá no Banco, ando sempre com o emblema bem à mostra. Seguro o lugar, que queres. É a vida."

"Passarás por ser o primeiro comunista da família. Com o tio neste estado."

"Achas que ele sabe?", perguntou Bernardes mudando malevolamente de assunto.

"Que és comunista? Não."

"Qual! Da nossa história."

" Teve suspeitas. Mas nunca me incomodou."

"É porque sabe. Com aquela idade, onde iria ele arranjar uma rapariga como tu? Prefere a cabeça pesada a perder-te."

"Vê como falas."

"Ando com saudades tuas."

"A Alda? Acabou de vez, isso?"

"Depende mais dela que de mim. Para já, eclipsou-se. Tu é que podias aparecer por lá uma destas tardes."

"Não seria capaz."

"Deste em Madalena arrependida…"

"Pois, pois. Vá lá: tira ao menos o emblema."

"Por causa dele?"

"Estão cá a Vera e o Ricardo. Escusas de os agredir. Escusam de saber."

"Ora, ora. A Vera, o Ricardo. Uns bons rafeiros."

"Fazes isso por mim?"

O canto da sereia. Bernardes a sentir esboroar-se o lindo enredo que sonhara, cujo momento alto seria aquele em que se inclinaria para o leito com o distintivo do pê-cê-pê bem voltado para o olho bom do paciente. "Então como vais, querido tio? Melhorzinho? E a foice e o martelo reproduzidas no espelho da pupila viva do querido tio.

"Fazes?" A voz de mel da tiazinha.

"O autocolante também?"

"Sim. Por favor. Peço-te por tudo quanto há de mais sagrado."

Bernardes rendido:

"Faço-o por ti. Só por ti, ouviste? Com a condição de apareceres."

"Tentarei. Mas não te fies muito. Estou a curar-me de ti."

O diálogo decorrera em surdina, no vestíbulo. Bernardes e a tiazinha dirigiram-se então para o quarto. A Vera e o Ricardo acenaram discretamente.

Sentavam-se a uma distância razoável do leito, espreitando, ansiosos, os esgares do teu rosto semi-imobilizado. Tentavas vê-los com o teu olho esquerdo, mas eles sentavam-se deliberadamente no lado contrário – o lado morto. Para que não lhes adivinhasses pensamentos impróprios, creio. De resto, a geringonça dos tubos através dos quais te enfiavam a comida no estômago impedia-te de moveres a cabeça. Estavam algo abatidos. Rondavam-te os últimos momentos de existência, com a mira nos papéis de crédito, no dinheiro que foste pondo nos bancos ao longo de uma impoluta vida de agiota, na cláusula do testamento que os contemplasse. Mostravam-se tristes, não por ti, que és um caso arrumado, uma questão de dias, mas porque os SUV desfilavam àquela hora a caminho do Forte da Trafaria para libertar dois camaradas de armas presos. De qualquer modo, teriam sempre à mão as pratas, o relógio de mesa do tempo dos reis, jarrões de Limoges, tapetes de Arraiolos, peças raras de mobília rococó. No fundo, crepitava neles a chama da esperança. Tinham passado, ao cair da tarde, pelo Rossio "ocupado" pelos retornados. "Expulsámos os vermelhos da Praça", lia-se no comunicado redigido à pena e exposto em frente do Pic-Nic. Olhavam-te com piedade mas cochichavam: embora soubessem os soldados libertados, confiavam em que os retornados acabariam por reabrir a Bolsa, pôr à testa do governo um sujeito de estofo. Julgavam valer ainda a pena rezarem pela tua alma de futuro Morto. O próprio massagista, recém-chegado, ao entrar em funções, asseverou ter informes seguros de que "a hora está próxima". Enquanto assim falava, punha todo o empenho na tua recuperação, moribundo.

As coisas resumem-se a uma intriga singela. Rosto. Venerandas diuturnidades dão-lhe respeitável peso na História. Precaução: escudar-se dos que desdenham da planificação mecânica do futuro. O futuro é o presente continuado e o Rosto tinha por obrigação conhecer as leis da ciência orgânica. O futuro não passa pela decapitação selecta, por figurino, do presente. Repetes afinal, Rosto, erros conhecidos. Reincides em métodos de luta cujo desgaste não aceitas. Bolha de cristal. A imaginação pendurada por esquecimento nas batalhas dos anos trinta. O rosto deveria sabê-lo muito melhor do que o inocente adepto. Mas para os que lhe sorvem o discurso bíblico, que encanto! Droga. Pugilato. Teologia. E, depois, com que astúcia todas as palavras de ordem na ponta da língua, todos os insultos a talho de foice, todas as soluções milagrosas em verbo torrencial. Eficácia. Combate. Aleluia.

Por isso, no local de trabalho, o Bicho Lógico joga as cartas que tem. Joga-as mal, construindo a própria destruição daquilo em que acredita. Pouco importa. Cumpre ordens. Sente-se cúmplice da História, a edificação do socialismo real está a passar por ali. Esforça-se por apresentar serviço, quer subir no partido, mostrar amor à Causa cooptando para ela o maior número possível de inocentes. No cooptar é que está o ganho. A peste omnipresente. A peste em aliança estreita. A peste activa, decompondo o corpo burguês do salário. Cunha-a-cunhal-dos-cunhados. Ave, burocratas, segundo S. Mateus ou S. Judas, consoante o resmungo do general de dia ao povo. Sujem os pavimentos da Revolução com o vosso vomitado. Frequentem os psiquiatras. Devem dar consultas de borla, agora, os ditos, a liturgia do dinheiro perdeu todo o seu valor, a catarse faz-se na rua. Salvem-se através de uma valente purga mental. Depois, sim, viva a revolução, porque terá por obreiros homens sem coração mas limpos. O calcanhar-de-aquiles deste processo é menos o coração do que o mito e ninguém percebe isso. Que tragédia.

A onze do mês, o Bicho Lógico embandeira em arco, aos gritos:

"Bernardes, ponha-se a pau. Olhe o que na Rússia fizeram aos mencheviques."

E para o Insecto Roxo:

"Eu e você, A. Perneta, é que faremos a cama a esta reacção danada. Abaixo a reacção."

"..."

"Vamos, A. Perneta, coragem. Diga comigo: abaixo a reacção."

"Abaixo a ração."

"Re-a-cção, A. Perneta! Reacção."

"O que quer dizer rea...?"

"Não se rale, homem. Repita, apenas: abaixo a reacção".

"Abaixo a reacção!"

"Bravo, A. Perneta. Está a progredir. Agora, outra vez comigo: o chefe é reaça."

"Reaça?"

"Reaccionário, santinho. Vamos, o chefe é reaça."

A. Perneta faz progressos. Bicho Lógico rejubila. Bernardes argumenta:

"E a batalha da produção? Que vamos fazer dela?"

Bicho Lógico, autoritário:

"Você, menchevique de merda, se quer salvar a broa, submeta-se às directivas da classe operária."

E voltando-se para A. Perneta:

"Camarada: nomeio-o meu adjunto."

"É que eu nunca fui operário. Fui *groom*, porteiro, contínuo. Operário, nunca."

Recriminação em voz baixíssima de Bicho Lógico:

"Não se encha de complexos, A. Perneta. Também nunca fui operário. Lembre-se de que o andar onde vivo foi comprado com os lucros da Bolsa."

"Então, cada vez percebo menos."

"Somos aliados naturais, A. Perneta."

"Ah, somos?"

"Pois somos, camarada. Meta bem na tola de que quem manda agora nesta espelunca somos nós: eu e você."

"Por que eu?"

"Porque você em tempos teve um problema com o tipo e isso vai ajudar-nos a correr com ele. Não vê que o comunismo está à porta, que todos estes traidores com culpas no cartório vão mas é encher os campos de concentração que estamos a congeminar para os arrumar?"

Bernardes, tentando meter uma cunha na conspiração:

"Repare, Camarada: eu incomodei fascistas, fiz colectas e recolhi assinaturas para 'salvar' colegas de trabalho presos, pus alguns escritores comunistas nos cornos da lua quando era difícil fazê-lo. Isto não é nada, sei-o bem, comparado com o que outros arriscaram. Mas acaso ignora você que A. Perneta jamais pôs os pés numa assembleia sindical durante o fascismo e que cilindrou vários companheiros de trabalho para chegar aonde chegou? E sabe pela mão de quem? Pela mão do capitalista presidente, imagine. Puxou por ele porque se comportou sempre como um aio fiel e a sua obediência canina fez jus ao prémio que teve. Porque quanto a competência..."

"Cale-se, menchevique", interrompe o Bicho Lógico. "A. Perneta acaba de fazer a sua opção de classe. A. Perneta compreendeu perfeitamente a inevitabilidade histórica da nossa luta. Não se deixou ultrapassar pelo processo, como você. O antifascismo lírico tem os dias contados. De hoje em diante, ou se é pela revolução ou se está contra ela."

"Ah, voltamos então ao quem não é por mim é contra mim?"

"Raio de comparação, menchevique idiota. Nem admira, vinda de quem vem. Não acha, A. Perneta? É ou não é só reacção, o chefe? Mande as inibições para trás das costas, homem. Vença a timidez. Já que tem vergonha, eu ajudo: é só reacção."

E de novo em voz baixíssima soprada ao ouvido do Insecto Roxo:

"Bravo, A. Perneta: você ainda vai dar um excelente delegado de comissário do povo."

"Eu?"

"Sim, você. Ajude-me a lixar o menchevique e verá se não lhe arranjo um tacho porreiro."

"E que devo fazer?"

"Primeiro que tudo se inscreva no partido que tomou conta disto. É aquela máquina."

"E depois?"

"Escreva uma carta ao Sindicato a acusar o chefe de lhe haver cerceado as liberdades fundamentais. Vai acusá-lo de prepotência. Não queremos nem mais um menchevique em postos de decisão."

"Preciso de quem me escreva a carta."

"Não há problema. Faço-a eu e você assina."

"Está bem!"

"Ao nível da empresa, desencadeia-se uma RGT. A célula do partido encarrega-se de conseguir as cem adesões indispensáveis."

"Está bem!"

"Uma vez assente a RGT, o resto corre por si. Os nossos militantes tratarão do resto. Encarregar-se-ão no sentido de sanear o menchevique-chefe."

"E como?"

"Há várias técnicas de manipulação de assembleias. Uma delas é a de inscrevermos todos os nossos militantes para usarem da palavra, antes que outros o possam fazer. Depois, é só utilizar a técnica leninista da repetição. Dez ou vinte pessoas a baterem a mesma tecla sempre foi maneira de pôr os indecisos a votar nos nossos. Lembre-se de que estamos empenhados numa justa luta."

"Então tratem lá disso."

"Podemos contar consigo?"

"Tratem lá disso."

"Você é sensacional, A. Perneta."

(O contentamento vitorioso do Bicho Lógico por mais uma adesão).

Em voz alta, para Bernardes:

"Chegou a sua hora, menchevique de merda."

Na cegueira de limpar o país, e talvez a face da Terra, dos mencheviques, o Bicho Lógico nem se dá conta de que os insectos verdes andam pelos cantos com um furor rangente nos dentes.

Fora um Março turbulento, maciço em novidade. Um Março de encher o olho. Um Março radical. Todos alegremente estiveram nos piquetes, todos saudaram o fim da opressão. Mas, na embriaguês de vitória do Bicho Lógico, o engano primário e o erro histórico alternam-se para culpabilizar os nativos. A muitos ignorantes da política, a muitos indiferentes no passado, agora, porém, ávidos de conhecimento, a única imagem de socialismo concreto que até eles chega é a que lhes é transmitida por aquele soberbo aborto de mediocridade. Aturdidos, esmagados pela envergadura das suas responsabilidades no retrocesso do universo, vergados ao peso das injúrias que sobre eles chovem, acham-se de súbito a desejar os chicotes dos velhos donos, o que lhes permitirá sobreviverem com a carne lacerada, bem entendido, mas sem insónias. É que eles, os zeros espantados com o que lhes acontece, medem a grandeza do sacrifício de Catarina pelas baboseiras repelentes do Bicho Lógico, o que é terrível. Avaliam os séculos de cadeia de Álvaro Cunhal e companheiros pelo triunfalismo bronco de alarves como A. Perneta. Estão à mercê desses pequenos burgueses recém-convertidos ou radicais, dessas abjecções neoideológicas a quem nunca deram a ler uma mensagem com a altura moral do testamento político de Mário Sacramento, desses bravios reaccionários de fachada revolucionária e alma salazarista que são quem está a cavar a sepultura onde redonda, inerte, tombará a mais excepcional das nossas oportunidades de mudança. Começam a ficar prontos para tudo, os zeros espantados. E ninguém parece dar por isso, lá onde a felicidade do povo se desenha à régua e esquadro.

Alda, na hora dos cravos, salpicada da festa na cidade em cromo. Ainda sem uma ideia de modificação do ritual da carne como modo de permanência activa na margem esquerda. Saberei, saberá Bernardes, que julga conhecer-te, quem és verdadeiramente? Que motor submerso te põe na franja deste encontro com a rua, ocultando o amanhã em que estarás noutra barricada, noutro continente mental? A insinceridade? O medo? A alegria? Tropas, paisanos, burgueses, operários, todos cabem, couberam no abraço que não serias capaz de dar-lhes sem esse excesso de ti, sem a volúpia intensa com que junto dos outros celebras voluntariamente a ostentação do fogo. Pois bem: tu mesma, em carne e osso, voltarás a requerer o estatuto da paz podre – o grito do povo encontrará da tua parte um grande muro de indiferença contra o qual se destruirão os ultimatos daqueles que vêm exigir-te múltiplas demonstrações de coerência. Na corda de entre mãos do povo unido usas, usaste a máscara, és, foste um archote aceso, um farol para esse mesmo povo que, experimentando, a medo, o dom da fala, se interrogava se seria desta e esfregava os olhos pensando sonhar. Forjámos com talento uma imagem externa de sageza, fomos ou parecemos gratos ao realizar no jogo do delírio aquilo que à nossa imaginação arrancámos como prémio, mas sem que nos mostrássemos audazes bastante para adoptar a identidade do Homem Novo que nos era agressivamente proposta pelos gurus do mundo normalizado. Alda, que prodigioso simulacro, sabemo-lo hoje! Que vigarice! Não tiveste a sorte que eu tive, minha querida. Não tiveste a lembrança da fome por ti.

No auge da tormenta pude eu, pôde Bernardes, encontrar os resíduos de velhas solidariedades que danificaram o eco das obscenas façanhas do Bicho Lógico – o radicalismo pequeno burguês em pessoa, arma temível da contrarrevolução. Fui capaz, apesar do novo terror, de desejar a novidade, a criação, o fazer do mundo, mesmo de um cómodo balcão de espectador. Pude, do leito da minha flagrante inutilidade, ambicionar, como homem de boa vontade, a estada no Futuro mais as férias pagas no Hotel da Esperança. Só não sabia como fazer, não me sentia apto a fazer, e por isso deixei aos outros a iniciativa, na quase certeza de que superariam a minha incompetência com a sua perfeição. Contudo, ser livre implica dispor cada um da faculdade de se julgar perfeito, de o dizer em voz alta e, consoante o grau de voz, mais do que a natureza do que se diz, de agarrar adeptos, de os conduzir, de os manobrar. Passámos a viver num mundo onde os autoproclamados perfeitos se comportam como macaqueadores vulgares dos ritos de uma revolução que não é a sua. Ainda assim, creio no futuro porque percebo estar a acontecer ao meu povo o ensaio dos primeiros passos de abandono da imobilidade. O movimento hesitante de um povo que aprende a andar à sua custa. Que esgota, nas suas cóleras iniciáticas, todos os palavrões de todos os catecismos, agora à mão de semear. Isto é belo, mesmo que atinja de morte as nossas pesadas heranças. O mundo anda, mexe, reinventa-se em cada sibilina promessa de troca. E nós, com ele, a contragosto ou não, teremos igualmente de mexer, se não quisermos a morte em vida que resultará da autoassumida condição de clandestinos, como horizonte inexorável.

Confiámos tanto na maturidade daquele Abril! Por algum tempo roubou-nos aos silêncios que começavam a pesar como presságios nefastos na secura das nossas noites. Eu chegava a casa morto de cansaço. Depois de trabalhar no Banco metia-me no café, onde escrevia críticas sobre livros para uma revista que aparecia às sextas. À noite, entrava estoirado. E o silêncio veio, os silêncios, sorrateiros, alastrando, imparáveis, como lepra. Começou o aprendizado da disciplina do vazio. A santificação doméstica da náusea. O princípio do fim? Como e quando se pôs o silêncio a minar um pacto conjugal até então irrepreensível? Não sei. As palavras de antes do silêncio? Algumas resistiram. As dela. Às minhas, deixei-as escorregar, por alçapões definitivos, para um lixo não menos definitivo. As dela, no entanto, pousaram cá dentro e não foram expulsas para nenhuma lixeira. Ficaram a espalhar o lento veneno, a visar as nossas (in)coerências, a construir o muro.

"Sabes bem que não quero filhos. Prefiro o prazer."

"Bernardes, meu amor, já reparaste que não acertamos sexualmente? Não fosse amarmo-nos..."

"Olha menino, se queres ficar em casa, fica, o problema é teu. Eu é que não perco o filme. Até logo."

"Será esta nossa vida um exemplo do famoso egoísmo a dois de que tanto se fala?"

"Ah, voltas-te para esse lado... Estarás a ficar impotente? Ou estarei a dar em estafermo?"

"Nunca convidamos os nossos amigos cá para casa. Tomam-nos obviamente por bichos."

"Querido, passamos de moda e não damos por isso. Esta fidelidade caiu em desuso. Todos os casais, hoje em dia, se esfrangalham. Diziam que era excessivo para a nossa mentalidade. Uma ova! O sexo não tem nação."

Descargas dos resíduos maus do teu foro íntimo, num crescendo de ironia. Sorrisos de aposta na minha indiferença, sorrisos ambíguos, charme estudado. Tudo postiço. Era um jogo, jogado sob certas regras. Um jogo melancólico, situado. Para ti, para ela, vital. Como se brincar com tudo o que ainda intacto nos nossos gestos nos predispunha ao exercício de uma tolerância ajuizada te incitasse a novas e excitantes audácias verbais. A tardia revelação do perigo colocou Bernardes na defensiva mas não o moveu a incluir nas suas dúvidas o prelúdio de um grande logro. Deixou correr o marfim. E o marfim correu até à cama, onde as coincidências orgásticas passaram a tornar-se primeiro raras, depois inexistentes. Com a chegada do zero afectivo pôde finalmente dar-se conta da proximidade do abismo. As coisas já tinham chegado longe demais quando teve o cuidado de reparar nelas a sério.

Avançou, na emergência, aquele momento de Abril grávido de inesperado, na grande arrancada de confisco dos maus e de libertação dos bons. Aos pés de barro do monstro desfizeram-nos um piparote e umas quantas rajadas que acrescentaram à fachada do Quartel do Carmo alguns orifícios históricos. Alda e Bernardes foram para a rua, juntando-se ao turbilhão dos homens e das mulheres que usavam as mãos para exprimirem o V da vitória, excluindo ainda dos seus gestos a nova convenção do punho fechado. Tanques ontem máquinas de morte circulavam na cidade transformados em gigantes cordatos para cujo dorso era possível a qualquer trepar. Uma enorme contracção de gargantas breve deflagraria em grita, na passagem de mil instantes de adivinha para a certeza de um rolar de cabeças veneradas.

Na tarde da caça ao pide, Alda esteve presente em várias frentes de luta: na fuzilaria do Camões, na ocupação da *Época*, no assalto à Censura, na Legião do Bairro Alto. Era ela quem levava Bernardes ao coração da refrega com um reportório de gestos quase viris, rompedores, que punham o homem de acordo com a nova lei da rua, onde esperantos a medo soletrados reacendiam a partir da morte do pai um protesto cavo, visceral, contra os demónios do passado. Estava-se na véspera da grande farra. Os emigrados especiais tornavam à pátria, eufóricos, trazendo nas mochilas farnéis ideológicos para consumo imediato. A francesia lusitana chegou de comboio. Alda, naturalmente, compareceu em Santa Apolónia, aceitando de bom grado o atraso da composição que transportava Soares e Serra, depois presentes à multidão num fantasioso abraço para a fotografia. Antes, apertara-se na gare contra aqueles que a plenos pulmões cantavam "Canta, canta, amigo canta" para queimarem quartos de hora e imaginou talvez o Palma Inácio a dirigir-lhe propostas indecorosas do palco para que subira. Na junção dos seios pusera o inevitável cravo vermelho, emblema da época.

Mais tarde, Soares, do varandim, exortaria o povo a ir esperar Álvaro Cunhal. O mesmíssimo Cunhal a quem o supracitado Soares meses adiante diagnosticaria paranoia. O povo foi. Com ele, a teimosa Alda, sem Bernardes. O chefe comunista não proferiu discurso algum das sacadas do aeroporto: fê-lo de cima de um carro blindado. Toda a gente, incluindo Alda, achou uma fantástica piada àquela imensa originalidade, ainda maior do que a de se acomodarem os pides na *estância* de Caxias. Vladimir Ilitch já o fizera décadas atrás, mas se o povo português tomou a cópia pelo original só lhe resta que acendam umas velas de estearina em louvor do homem que o manteve em tão santificante ignorância durante quarenta e oito anos e picos, ámen.

E logo, logo a seguir, o primeiro 1º de Maio atrelado à cauda do que se atinou nomear de longa noite; um rebentar de restos de amarras que precipitou os Portugueses no jornadeio delirante, antes dos infortúnios de um destino verdadeiramente fadista. A habituação ao vermelho. A festa de não se ser o que se grita. A hipérbole surreal. E a limpeza do quite? A frescura do pónei? O desfile encarnado pelas avenidas lívidas da cidade burguesa? Os penduricalhos de foice e martelo nas bancas de fungagá a cinco moedas pra pelintragem? E assim à babugem, no 1º de Maio, com o fascismo ainda morno na tumba? Que organização do quilé, disse o povo unido, a uma voz, inchado daquela sabedoria de que só ele tem o segredo quando se sente protagonista das rupturas da História. Que máquina!

Máquina que, nos tempos imediatos, não mais parou de funcionar. Dali para a frente, as emoções por ela produzidas haviam de entrar em conflito, nas consciências, com ecos e resíduos do que em magia na tenra vida se fizera medo, do que o leite materno vertera no sangue como impostura divina, do que da apropriação da vontade de Deus pelos capitalistas de sotaina se transmutara em rotina de hospício sacro. Esse ruído ancestral e crispado impôs ritmos que não se sabiam, revelou espelhos que se desembaciaram a poder de violência, carregou de pasmos e de gestos novos gentinha calma, ponderada e inocente. E o povo unido se achou de novo desencaminhando-se por mil veredas de brilho, experimentando, na boa fé e na boa voz, o rugido cinquent'anos preso, quase vencedor do que parecera até então inalcançável.

Alda deixou de fazer bem amor, como quando imediatamente antes do povo unido. Como quando das noites secas de Março reabilitadas pelas de Abril. Como quando ainda mal se suspeitava de que a febre da revolução chegaria ao leito e que como resultado da relação deste com aquela voltaria a conhecer um período de exaltação pessoal. Desde que soube do saneamento do Júdice, primo afastado, da empresa comercial que geria, e da sua provável partida para o Brasil, a alegoria do socialismo tornou-se para ela um pesadelo cuja verdadeira extensão Bernardes, distraído, não apreendera em tempo útil.

Na lentura da noite em que os boatos do golpe varrem a cidade, observando o suposto prisioneiro do suposto aquário, Bernardes reconstrói Alda à luz intensíssima da sua ausência. Na cama. Vestido. Pernas estendidas. Descalço. À escuta. Os noticiários disparando bojardas de dez em dez minutos. Locutores bravios, inflamados. Tensa, a noite. O trânsito pachorrento das horas nas grandes febres de violação. Comunicados das comissões de trabalhadores e de moradores no esmurro do sexto governo. Pedreiros e metalúrgicos aliados no cerco a S. Bento, padeiros da comuna de Paris ressuscitando nos subterrâneos de Lisboa. Tensa, a noite. A roda dentada da História a mover-se pesadamente, a tirar o sono à burguesia, que em casa implora o suave milagre de uma ditadura o mais violenta possível para pôr outra vez o país nos eixos. Alda. A memória de Alda intrometendo-se nas ondas de som, alvo, matéria de crise, fuga, espelho e prolongamento da odisseia do povo unido até ao susto e ao desmanchar da feira a que o conduzem.

Não se sabendo que a história do povo unido assentava num kafkiano, absurdo, equívoco, posto a nu com a primeira sacudidela da luta de classes, quiseram os inocentes entrar nela convencidos de que a revolução era um arraial com foguetório e comes e bebes, e, se o fizeram, não levaram muito tempo a retirar-se. Naturalmente, o Bicho Lógico. O Bicho Lógico, que valiosa contribuição deu ao suave milagre. Teve o cuidado de evitar o seu saneamento, autossaneando-se. Mas deixou os insectos verdes, que viera encontrar submissos e cordatos, prontos a berrar Morte aos Comunas e a passarem à orática quando a ocasião se apresentasse. Se na fortaleza dos optimistas fosse possível avaliar a amplitude com que alguns dos militantes das bases contribuíram para a ilegitimização do socialismo lá onde tanto se percebe de teologia marxista como pouco de psicologia se aprende, ficariam no mínimo perturbados. Escondera de Alda, o melhor que pudera, o seu "caso profissional" para não lhe molestar os sentimentos progressistas. E afinal a situação criada ao Júdice, talvez. É que Alda, sempre. Mas não para sempre. Alda, imperfeita. Motor de tudo o que lhe acontece. Alda sobre a chapa acastanhada do tanque, ou a proferir, outra, na curva decrescente: "Que não voltem a obrigar-nos a invocar Praga, ao fazerem-nos passar por fascistas. Se não são capazes de pública autocrítica, julguem-se uns aos outros em privado. Dos silêncios e das provocações se depreenderá se a fizeram ou não. Os fascistas utilizaram-se miseravelmente de Praga e saberem-no os optimistas estimula-lhes os sarcasmos. Todavia, Praga existiu, aí é que está o busílis." Depois, mais abaixo, em plena queda, sinal já de outro tempo, de outro registo linguístico: "O Otelo é que deu cabo disto." E ele, brando na discordância: "O Otelo, Alda? Procura mais longe. O Otelo é um pau mandado." Em funil na redoma dos opressores, Bernardes. A fazer coro com eles, a viver as suas pungências, as suas dores, os seus conciliábulos pretorianos. Agora, só porque não deseja que Alda parta. Só para evitar o estoiro das amarras que a tentam com a sua fragilidade.

É, era Verão. Um Verão quente. Não se dizia Vasco voltará. Dizia-se Vasco cava. Lá riba. Um vento horroroso de cinza fustigava consciências, mal alimentadas de sonhos épicos. Profissionais da saudade reacendiam os autos de fé. Almas piedosas velavam, numa mão o archote, na outra o crucifixo. O respeito pelos ínclitos jazigos as distinguiam das mais, o território não erro propenso a aceitar novos messias, a conspiração dos santos fez o resto. A desforra urdiu-se no fogo – tropel de corsários empolgando-se no castigo ao feitiço eslavo. Feitiço inchado de sul, de inominável sul. Vieram searas de lume encobrir na noite a mobilidade furtiva das sombras, encandeando-as na sua própria magia pirómana, sitiando o pensamento dessa corja sulista que lá por Lisboa pusera o Diabo em liberdade e para o qual ali, no Norte sagrado, no Norte berço, não havia a mais pequena faixa de manobra. Bracara Augusta mai-lo seu clarim. De eco em eco, o rebate pelos veios dos montes, pelos campos, pelas planuras dos vales, pelas cavernas de entranhas beatas, sublinhava os méritos de uma sabedoria intacta na inviolabilidade das infâncias e das mortes sacramentadas. Sempre a pirotecnia fora uma especialidade nortenha. Sempre os círios arderam nestes lugares, onde os demónios jamais ganharam para o tabaco.

Alda renunciou no pino do Verão. Concessões atrás e concessões por parte de Bernardes apenas haviam adiado a partida. Levou consigo os textos que traduzia para uma editora, alguns livros, roupas, objectos pessoais. Disse, ao abalar:

"Adeus, cretino. Enforca-te mais a tua revolução de caca, desgraçado pequeno burguês. Nunca passarás de um zé-ninguém."

"Enganas-te, Alda. Aceito que a beleza plástica da revolução me fascine. Também me inquietam os seus erros, acredita. Amo a vida, Alda. Só posso olhar com benevolência este povo, que é meu e teu, na sua procura dramática, cega, de um rumo. Procura desajeitada, violenta. Generosa, no fundo. E isso me impele, às vezes, à solidariedade na luta. Luta? Que digo! Na festa!"

"Festa? Este roubo colectivo? As ocupações selvagens de herdades com o nome pomposo de reforma agrária? Uma descolonização que vai atirar para Lisboa com pobre gente desolada, mas igualmente com toda a casta de marginais, putas, chulos, vigaristas, para quem a África será curta? Festa? O abandono dos Timores ao massacre na pichota da Indonésia? Festa, o afastamento de funcionários competentes, de técnicos capazes? O que eu esperava do 25 de Abril não era nada disto, simpático marido. Era uma coisa muitíssimo diferente."

"No entanto, Alda, por algum tempo, na revolução, fomos unidos. Como o povo unido."

"O povo unido foi uma ficção ordinária, quem a pôs a correr por aí merecia o pescoço cortado. Cá em casa, se fomos unidos, a mim o deves. Fiz um esforço enorme para te ensinar, para te recuperar, para te pôr operacional. Mas tu és egoísta de raiz e, na cama, continuas um desastre."

"Não tentaste o suficiente. O meu melhor a ti o devo, lógico. Mandaste às urtigas alguns dos nossos hábitos e rotinas. Agradeço-to. Talvez até nisso, se fosse eu a iniciar-te, me mostrasse pouco hábil."

"Ai mostravas, mostravas..."

"Porreiro. Porreiro teres sido tu a dar o pontapé de saída. Julgas tudo perceber, mas não compreendes nada. A revolução trouxe-me outra Alda, alguém que eu não conhecia, portadora da sensualidade que em ti durante tanto tempo procurei – sem talento, concordo. Amei tal criatura, tal sombra. O ver-te abalar, insensível aos meus rogos, tem um significado dramático. Ou será antes tragicómico? A Alda cuja partida eu choro é uma situação, uma ideia, um fio de luz. Terás algo, hoje, a ver com ela?"

"Olha-me este a puxar para o místico. Um dia regressarei, deixa lá. Em aparição. Por ora, quero viver a minha vida. A outra Alda, a que se enfiou na tua cabeça, não é mestre-escola, menino. Não tenciono passar o resto da vida a ensinar um aluno que não quer aprender. Sou uma Mulher com maiúscula. Fio de luz! Trata-te, homem. Vais de mal a pior."

"Fez-se, está a fazer-se, dizem, uma revolução sem sangue. Boa piada. Pelos vistos, os destroços em que nos tornámos não entram na macabra contabilidade da História."

"Não sou nenhum destroço. Vivo, não vegeto. Tu, sim, vegetas. És um morto-vivo."

"Desaparece, antes que rebente contigo. Rua. Já!"

Pu-la, de facto, no olho da rua, mas a ela coube escolher. Faço até uma pequena revelação: eu teria aguentado o corneio desde que me fosse consentido molhar também a sopa. Pronto. Está dito. As cenas eventualmente chocantes já não escandalizam, sequer, os assíduos das sacristias, quanto mais o *casbah* da zona Loreto. O bizarro desta revolução é que os seus intrépidos condutores aprendem Marx à pressão sem terem lido Bataille, Camus ou Freud. Os fascistas proibiram Marx sem aprovarem Bataille, o clero medieval fez figas a um e a outro, o povo português, de piça cortada durante quarenta e oito anos, recolheu no ego a energia vital que agora descarrega nas salas de cinema especializadas em filmes que marcam a recuperação, pela burguesia, da revolução sexual. No intervalo entre duas manifestações progressistas, arranja-se tempo para ir a cinemas "bem" ver a Maria Schneider levar no pacote. O socialismo, ao arriscar na falência dos valores burgueses pela democratização do sexo, fez uma jogada tardia. A rotina de sobreviver nas condições mais adversas só a burguesia a tem – sexo e lucro, a mesma luta. De aí a inculcar-se no espírito do português malandreco a suspeita de que com o advento do socialismo e do seu severo puritanismo as Marias Schneider irão pentear macacos para bem longe do cantinho à beira-mar plantado, vai um simples, curto, passo. Que as selvas de verniz do chamado mundo ocidental e civilizado ficarão cada vez mais distantes, será para ele, povinho malicioso, a premonição de uma fatalidade. E tornar-se-á ainda para ele verosímil que se está no vestíbulo de mais uma longa noite, ao invés. Que esta massa de frustrados que passa os filmes de sexo a pente fino votará à direita à custa da liberalização realizada pela esquerda, é tão certo como dois mais dois serem quatro. Estão-se nas tintas para a revolução – para os seus carrascos, os seus mortos, os seus heróis, para tudo quanto fuja ao remedeio do seu complexo de castração. Borrifam-se nos mortos, sim. Porque já os mortos do cravo: um udêpê na Lisnave, um emedêpê no Rossio, um pecê no Norte. As mortes-surpresa, que os vivos teimam em não fazer iguais a todas as mortes e que todavia se produzem com balas perdidas ao encontro de pessoas que desejavam furiosamente existir. A morte em traje civil, tão odiosa, tão obscena, tão morte. O fim de gente que à morte ambicionava roubar espaço, desenvoltura, tempo – privilégios dela, morte. De gente que festejava o gosto da vida no fruto conquistado. A morte e a glória macabra do seu riso final. A morte numa revolução que se não soube sensual, que se quis vitrina de imitações datadas, de modelos históricos constrangidos a sacudirem-se da poeira, forçados a estarem presentes. A morte estúpida do soldado Luís. A nossa morte, Alda.

O tio padrinho deu finalmente o berro. Bernardes faltou ao enterro, não passou sequer pela igreja onde o corpo esteve exposto em câmara ardente. Soube-o pelo jornal. A fotografia, ao lado de uma outra, a de alguém por cujas dívidas um esperto cornudo deixava de se responsabilizar, saíra, mais a notícia, entre a declaração da lei, reconhecida notarialmente, o minúsculo rectângulo de uma proposta de casamento e o anúncio de certo endereço através do qual podiam obter folhetos grátis os amadores de "contactos ilimitados". Velhos moribundos beneficiam hoje, na hora da verdade, de excitantes apelos ao regabofe emoldurando-lhes o derradeiro hausto social. Uma pequena compensação por se terem demorado na vida sem a viverem. Por não terem sido amados. Por se terem revelado incapazes de sonhar. De imaginar. Viver mesquinhamente fora neles um culto, uma política de consciência, um fado. Nem a tiazinha chegou a aparecer. Bernardes viu-a de fugida, na Baixa, dias depois do infausto sucedido. Apoiada no braço protector do massagista.

É preciso, conjectura Bernardes, dar uma volta a isto. Isto: a melancolia opressiva do apartamento, o monólogo infindável, o rádio aos berros, a provocação do peixe ausente. A necessidade, subitamente reconhecida, de se libertar de um fantoche interior que o trava no "sim" ao rugido das massas que da rua o chama. Tensa, a noite. Não a que corre, propriamente. A de uma data universal e próxima. A dos pescoços bascos garrotados pelo ditador Franco, caudilho de Espanha pela graça de Deus e das armas. A do povo empurrado para o saque, para o fascínio do fogo, à esquerda. O fogo como condição lusíada, ao serviço, desta vez, da dita justa luta, do dito justo ódio, que não poupa, corre por aí, o Velasquez – ou seria Goya? – da embaixada. Retalia-se o crime de Estado com o terror silencioso, breve, fulminante. Do mórbido apetite espanhol pela Morte e o Sangue ao vício português do Fogo, fecha-se o triângulo da tragédia peninsular. Esta vocação do fogo, nossa, e a vocação do sangue deles, não me dizem, porém, respeito, já que eu, cidadão Bernardes, quero participar de uma forma ordeira, responsável, na construção da sociedade imaculada saída dos escombros do fascismo e da renúncia dos esquerdelhos à ingenuidade. Que é o tal álibi, meu rapaz, nada de confusões.

A tua impotência para a luta, mentindo à razão consciente com justificações porcas, ou a resolves com um acto definitivo de coragem, ou estás lixado. O melhor é eliminares o puto inamistoso, desprezares o seu castigo subterrâneo, mandá-lo à fava. Porque, Bernardes, se fores capaz de um primeiro acto selvagem, acredita: a vitória é certa. A vitória de ti sobre ti mesmo. Experimenta entender a morte como libertação e superação. À espanhola. Tens por novo o que é velho como as estrelas. Qualquer homicida to explicará em pormenor, te dirá que sim senhor, que apesar da perspectiva de quarenta e oito anos de cárcere valeu a pena e foi um alívio. Inventa-te. Expulsa de ti o fastio da acção. Serás outro, melhor ou pior, mas outro.

Serás finalmente tu. Aceita *a priori* a experiência e a dificuldade dela. Aceita transgredir. Cauciona o teu futuro com um gesto radical de barbárie. Assim te conquistarás perante ti próprio, ladeando a desconfiança dos que te acolherem como parceiro credível, e terás roubado à ansiedade de voltares a possuir Alda a força da sua presença física, anulada pelo acto temerário que te livrará das pressões do seu fantasma. Pressões que te arrastariam, talvez, ao suicídio.

Age, então. Urge que o faças. Começa por repensar a importância da morte. Melhor: a não importância da morte. Da morte de Alda, premissa de libertação. Da tua própria morte, não como teste de desespero mas como dádiva à transfiguração da vida. Evita imolares-te a uma bala de acaso ou ao baraço voluntário. De outra coisa se trata. Aproveita do conceito de morte a componente vital, ou seja, o que há nele como elemento estrutural de regeneração. Reduz, por conseguinte, a pulsão de morte a níveis qualitativos de vulgaridade. Em suma, vence o medo – resultado que um homem como tu, vexado e tímido, só alcançará matando.

Pede Bernardes ao *outro* Bernardes que se torne braço executor de uma verdadeira danação. Que Alda viva, violente-se, farte-se. Nada tem a ver com isso. Ou terá? Ou ela, Alda, terá a ver, e muito, com o instinto de propriedade anormalmente desenvolvido em Bernardes? Ou relevará o encanto da clara necessidade de vingar a traição? Ou nascerá do trago de ciência chã o odor ágil da peste? Tédio sonhado, roxo de gracejo vil, creme de iguaria, negro de viagem? Préstito. Capitulação. Limbo. E que não coaxem as rãs na Calçada do Combro. E que de uma vez para sempre sejam varridos das grandes jornadas de luta os pistoleiros míopes. Não suportaria os *cowboys* visando alto, sem repararem na toalha de rãs que os inibiria no momento do disparo. Mesmo que quisesse doar-lhes um pouco de alento, ou avisá-los da permanência das rãs junto das esporas, vê-los tão compenetrados na cerimónia, tão seguros das suas iniciativas, tão probos em exercícios de estilo e em sabedoria livresca, desencorajaria qualquer contingencial oferta de solidariedade. As rãs, disfarçadas agora de pedras de calçada, foram lá postas para dissuadirem as ovelhas do bairro de que o Sol cai. Como, todavia, quem segura os suspensórios do Sol é quem maneja os cordelinhos das manifestações de rua, conhece-se o manjar que um destes dias o povo almoçará: rãs ao natural em vez de rãs assadas, porque o Sol, de facto, não ousará cair. E não cair o Sol, como previsto no bê-á-bá das cartilhas, como prescrito na prosa ideológica, é envolver Alda num conflito de infortúnio estrénuo e transferir para a sageza das correntes do golfo os dons da disponibilidade, da adivinhação e da leitura da sina. Alda, com fascismo ou sem ele, conclui Bernardes terrivelmente ensonado, acabará na valeta.

Bernardes adormece. O tranquilizante, finalmente. O peixe, o rádio, o bule de Java contra o qual se esmagam insectos suicidas. De novo o peixe em grande plano. Fora da água. Não há aquário neste sonho. Há a teleobjectiva que aproxima, primeiro o peixe, logo a seguir as escamas, depois o olho, metido nos olhos de Bernardes. Do recuo da lente sobra, não a cara do peixe, mas o rosto de Alda e a grande borra azulada, sem esbatidos de peixe ou de mulher, alargando os contornos em explosões sucessivas. Crescem depois imagens mecânicas, engrenagens de indústria, homens de ganga laborando no medo do efeito chileno, exigindo, após paralisação e plenário de emergência, de Alda, o desnude, e que, em pelo, lamba as cicatrizes que a todos eles arranjaram, nos antros policiais, torcionários puros e duros que tinham na pátria e nos deveres para com ela o chapéu de chuva legal para os seus requintes de malvadez. Alda, a espertalhona, arrisca forte, ao dizer o que a comissão de trabalhadores esperava ouvir dela: confessa a sua condição burguesa e que estava ali unicamente para sabotar o processo. Que tire a roupa, então, determina um dos do comité, com ar de quem se encontra mandatado pela esmagadora maioria dos camaradas para exigir o cumprimento da decisão revolucionária. Não há gestos de violação nem sarcasmos. Um silêncio tenso instala-se, enquanto cada um põe a descoberto as partes do corpo que mereceram dos terroristas de Estado sádicos tratamentos de choque. Alda lambe, beija, afaga o melhor que pode e a sua repugnância consente, as epidermes marcadas de ruína e horror. A língua corre por espáduas, coxas, cicatrizes, rasando com docilidade feroz os territórios tabu dos corpos que se lhe expõem como monumentos à dor. Um telegrama é lido mas a Alda não é permitido que suspenda a expiação. "Os trabalhadores do mar solidarizam-se com a justa luta do proletariado da cintura." Assinado: Ganso Vermelho.

Chega a vez do ancião, veterano e um ror de intentonas anticapitalistas, a quem tentaram esmagar os testículos no Tarrafal. Um homem dolorosamente humilhado pela História e ali, em todo o caso, muito bem disposto, risonho até. Apresenta ao pânico de Alda os sinais das lesões que os da longa noite nele deixaram. Alda estremece. Controla os centros nervosos com o instinto de sobrevivência ao leme das acções. Inclina-se. Acaricia os testículos do velho resistente que, rindo no espanto do que lhe acontece, exclama: "Ora uma destas, hem? Uma destas!" Mantém-se o ambiente austero, tribunalício, ninguém se ri a não ser o veterano operário, os camaradas observam a cena em atitude religiosa. É patente que aquele mártir é para todos um símbolo vivo. O que Alda ignora. E, perdendo o autodomínio, procura trincar-lhe o pénis. A classe em peso cai sobre a intrusa. O idoso, de assombro em assombro, dá os dois clássicos passos à retaguarda. Reconhece, atónito, que a burguesia nem de rastos se dá por vencida. A burguesia morde, mexe, dá o dito por não dito até levar a sua avante, mesmo quando não passa de uma sombra do que foi. "Ora uma destas!" volta a dizer, mas noutro registo, o herói, que, no entanto, integra o pequeno grupo que protege a mulher da fúria dos demais. O tom irritado de certas falas indicia opções extremas.

Uma voz:

"É preciso violá-la. Para que aprenda quem somos."

"Quem falou?"

"Eu, camarada."

"Olhe que a nossa ética, camarada, repudia tais métodos."

"Pois eu acho urgente apresentar a conta à burguesia e fazê-la pagar."

"Mas sem dar trunfos à reacção."

"Acaso tu, camarada, pões em dúvida a necessidade do terror vermelho?"

"O terror vermelho, depois do XX Congresso, constitui uma forma de pressão ultrapassada. O comunismo é um humanismo."

"Camarada, vê como falas. Repara que tens as massas na tua frente. O revisionismo social-fascista e a sua linha traidora têm hoje muito pouco a ver com os verdadeiros interesses da classe."

"Camaradas: é preciso expulsar do movimento operário os grupelhos dos provocadores de direita que, agindo sob a capa da esquerda, objectivamente atravancam o acesso do povo à sociedade socialista."

"Camaradas: urge varrer dos sindicatos, das comissões de luta, das assembleias de bairro, dos conselhos de aldeia, a escumalha social-fascista que nas costas dos trabalhadores assina pactos com os carrascos do povo."

"Camaradas: cinquenta anos de combate ao fascismo demonstram que o único partido, a única força, a única organização capaz de se constituir motor da implantação do socialismo científico neste país, não pode ser outra senão aquela que sempre se definiu como a grande esquerda."

"Camaradas: um partido que eliminou do seu programa de governo a ditadura do proletariado deve responder perante a classe por mais esta traição."

"Camaradas: os resultados do nosso trabalho estão à vista. As nacionalizações, o controlo operário, a reforma agrária e outras irreversíveis conquistas do povo português não teriam sido possíveis sem a corajosa actuação das bases do grande partido da esquerda."

"Camaradas: aos que têm a memória curta lembramos que a nova pide social-fascista não hesitou, há meses, em encarcerar o grande educador, por vontade expressa das massas, do povo português."

"Camaradas: a revolução socialista tem de ser conduzida com firmeza, mas sem precipitações. As actuações dos soares-sociais-burgueses e dos provocadores seus aliados receberão o correctivo adequado no momento oportuno."

Iniciada a batalha das palavras de ordem. O que fora uma massa unida na condenação do inimigo comum começa a fragmentar-se em pequenos grupos que reciprocamente se hostilizam. Alda, sobre quem já não recaem as atenções dos operários, levanta-se, apanha as suas roupas, enverga o *collant* e a blusa, abotoa a saia, remexe o interior da malinha de lantejoulas para dela retirar o espelho e a escova com que dá um toque de classe aos seus cabelos. Põe um pouco de *bâton* nos lábios, besunta as pestanas com rímel, um pulverizador de bolso melhora-lhe o hálito. Fresca, soberba, passa por entre criaturas em despique renhido que a ignoram. No pavilhão da fábrica onde decorre o plenário, a guerra verbal atinge o rubro.

"Morte à CIA!"

"Morte à CIA e ao KGB!"

"Abaixo a reacção!"

"Nem Spínola nem Cunhal, independência nacional."

Alda encontra-se já com um pé dentro e o outro fora da fábrica. Da porta adverte:

"Ei, pessoal! Se os senhores não veem inconveniente, vou comprar o bilhete de passagem para o Brasil. Ou então corro a alistar-me no ELP. Estão a ouvir?"

Ninguém lhe liga pevas. A classe operária, em luta intestina, tem mais em que pensar. Alda, mal convencida, insiste:

"Os senhores não perceberam? Vou dar o salto. Não quero que digam que não os preveni. Se a muralha de aço abre brechas, que culpa tenho eu disso? Aliás, só parto se os senhores derem luz verde. E escusam de encomendar o fado choradinho ao Tordo e ao Ary. Sou vossa prisioneira, não tenho ilusões. Mas se os senhores fecham os olhos, por que não aproveitar?"

Como resposta, apenas a algazarra da refrega.

Alda abandona tranquilamente a fábrica.

Trepa, indómito, na noite, o rugido das massas, que da rua devolve Bernardes à realidade. Alda não está ali. Volatizou-se. Dela, do seu esplendor fantasmático, ficam náusea e rancor. É melhor assim. O que é bom para Alda é bom para a contrarrevolução. Felicita-se. Há pouco, matá-la-ia. Agora, hesita. Encarregar-se-á disso o Júdice.

A violência, no Júdice, é-lhe intrínseca e por ser da sua natureza e não haver nada a fazer, Alda terá dela, violência, doses reforçadas enquanto partilharem o leito. Para mais o Júdice, segundo consta, trafica cargas de dinamite e de trotil no *Morris* Mil azul, é um homem literalmente explosivo. Alda acha-me, embora nunca mo tivesse dito explicitamente, um caso psicológico delicado. Ao Júdice, que é todo virado para fora, não. O Júdice para ela é um herói, porta-se com valentia nas situações mais incríveis, não tem medo de nada nem de ninguém. Onde põe a pata é dele. Quem pode resistir ao fascínio de uma pessoa assim?

Noutro tempo, Alda gostava de estudar Bernardes através dos artigos de jornal em que ele discutia os floreados dos escritores cuja mestria os autorizava a enganarem impunemente o pagode. Bernardes ia, segundo a abalizada opinião de sua mulher, inocentemente nessas tretas. Muito pouco examinara o barro humano no concreto, quase nada sabia dos enormes países que habitam as pessoas: bebia as palavras dos escritores como se manassem de uma fonte de sabedoria suprema e nada houvesse a fazer senão absorvê-las como lições exemplares em que o elogio do escrúpulo provinha das suas elaboradas marionetas. Ora ela era de parecer que os escritores é que deveriam ser criticados e não as marionetas das obras que produziam. Compreender que a busca da exemplaridade era um disfarce da nostalgia da perfeição usado por seres defeituosos revelava-se inacessível a Bernardes. Este esgotara-se no aprendizado do que não passava de fingimento da vida.

Alda vigiou-o, vigiou-me, assim, durante anos, criticando-o, criticando-me, sem drama aparente, até que as coisas se precipitaram e a fobia pelos livros veio à baila. Um homem com dificuldades pontuais de comunicação, assexuado, pajem de narciso. A ração das ideias, dos fumos teóricos, literários ou outros. Que estopa! Uma mulher pra'li ávida de amor, sedenta de arraial de cama e o senhorito de cornos amarrados às panasquices do "mundo das Letras". Ela sentindo-se trapo, nódoa, lixo; ele, ausente. Penúria afectiva. Naufrágio.

Da rua sobem promessas de espectáculo, urgências várias nos brados dos sitiados em motim. Calada à bomba a Rádio Renascença, a voz do povo ex-voz de Deus remexe nos escombros, estrebucha na raiva dos apelos à vingança e ao ódio de classe. Folclore de esquerda, conjectura Bernardes. A revolução faz-se nas montanhas, com "Ches", com tiros e com calor humano. Não se faz com intriga e fala-baratos. "Reaccionários fora dos quartéis, já." Pois, pois, revolução. Gastas-te na farra, urinas a tua sentença de morte para cima dos vestígios do que não chegaste a ser e não dás por isso. És o sopro das ilusões em trânsito com que estes capachos do fascismo julgam apagar décadas de aviltamento, os poetas pobres diabos.

"Jesus, vem – lê-se nas paredes do edifício em frente. Grafitos importados. Os espíritos do mal ornamentam-se de virtude, simplificam os recados do império nos ingredientes da viragem. Do outro império, de que não seremos metrópole mas colónia. Jesus, vem. Arraia-miúda, crê. Sal e marés, orvalhos nocturnos, morte sublimada pela pobreza e pelo sacrifício. Imitemos Jesus, rosnam os grafitos. Legítima, a dúvida dos plebeus. Jesus de antemão sabia do seu ressuscitar e do pleno uso que fez dessa certeza precoce guiou como quis obreiros da fé e aventureiros encandeados pelo seu exemplo. Em seu nome se inventou o pelourinho. Em seu nome se abençoaram carnificinas. A sua imagem de crucificado foi estimada em palácios, insultada em tugúrios fétidos por subgente que polícias e cães amedrontaram. Legítima a dúvida dos plebeus.

Se Alda viesse, mesmo em aparição, conforme promessa sua. Se renovasse o contrato. Se selasse um pacto cordato, de boa vizinhança, de não ingerência nos assuntos internos de cada parte. Seria preciso neutralizar as serpentes. Tal acordo, porém, estava ao nosso alcance. Pediria pouco. As serpentes recuariam temporariamente a fim de não influenciarem o nosso solene contributo para a renúncia a um mundo à cata de padrões estáveis de mentira. Aceitássemos um determinado número de concessões e seríamos porventura capazes de nos bestializarmos cordialmente, nessa magia negra subvertendo uns quantos dos nossos receios, talvez, muitos dos nossos relutantes pavores, seguramente. Caso psicológico delicado. Atemoriza-me que assim se entenda este contencioso. Mantê-lo em aberto, é de asno. Como lhe pôr cobro sem prisão, sem morte, sem violação do estatuto da vida? Entretanto o cerco. Deputados dormem nos bancos do hemiciclo, outros deputados devoram o farnel de operários, o sequestro alastra no tempo e no imaginário da cidade. Ondas de espanto. Lisboa vermelha e burguesa. Governo? Desgoverno. O rosto final do proletariado da cintura. Guindaste quase filando o primeiro-ministro para o lançar ao rio. Na rua, à solta, a imaginação. Que podem as rãs contra a invenção da liberdade? De momento, nada. Espezinhadas embora, andam atentas. Rãs e serpentes conluiadas, vê-se que, de capitulação, nicles. Susto. Apenas susto. Falam baixo. De heresia. De Comuna de Lisboa. De zona mártir. Querem ordem, armas. Invocam Nossa Senhora, Hitler e Rosa Casaco.

Mesmo falando baixo, já se ouve a sua voz.

Batem à porta.
"Quem é?"
"Eu, Alda. Abre."

"O Júdice despedaçou-se, mais o carro, na Praça de Espanha. Transportava pólvora para atear a fogueira."

Aqui, Rádio Clube Português, Emissora da Liberdade. Na expectativa de que a todo o momento cheguem mais notícias de S. Bento, onde esta estação emissora mantém em regime de permanência dois repórteres, os senhores ouvintes poderão escutar entretanto música portuguesa. Vai cantar José Afonso: Aviso à malta.

"Trotil?"
"Trotil? Que sei eu? Explosivos, granadas, material detonante. Estive sempre muito fora daquilo."
O que faz falta é avisar à malta, o…
"Vieste morrer aqui, por quê?"
"Tive nhufa. Metida, sozinha, neste enredo, estás a ver. Nem esperava que me abrisses a porta."
"Tomei um tranquilizante, não fez efeito. Andas com sorte. Preparava a dose de reforço. Senta-te. Põe-te à vontade."
O que faz falta…
"Desliga o rádio."
"Nem penses. Achas que há muito para dizer um ao outro? Não me metas em sarilhos. Ter o Copcon à perna por causa das rapaziadas do teu galo da Índia é um risco que não me apetece correr. Além de que ignoro se falas verdade."

"Precisava de ficar aqui uns dias. Poucos. A aguardar que a situação se pusesse clara."

... avisar à malta.

"Impossível o que me pedes, minha querida. Quanto à situação, encontra-se perfeitamente clarificada. Estamos à beira da ditadura do proletariado. Nós, pequenos burgueses indecisos, vivemos aterrados porque vamos passar um mau bocado. Não ouves o grito do selvagem?"

"Fascista, escuta, o povo está em luta!"

"Socialismo, sim, Vigarice, não!"

O que faz falta é dar poder à malta, o que faz falta...

"Viva a classe operária!"

"Morte ao ELP e a quem o apoiar!"

... é avisar à malta o que faz falta...

"Bem os ouço. Tenho boas razões para não ser pessimista. Dentro de dias tudo estará resolvido a favor de quem interessa. Dá-me algum tempo. Garanto-te que estou bem informada."

E agora vamos ouvir José Jorge Letria...

"Pareces segura de ti."

"Baseio-me em factos. Acredita: a esquerda tem a sua bela causa completamente perdida. O Alentejo é vermelho? O Norte é azul. As armas entram às toneladas. Emissários de Madrid tomam alegremente café nas esplanadas de Braga. E agora a densidade populacional, o acidentado do terreno, o boicote aos abastecimentos à Lisboa comunista?"

"Como conseguiste chegar até cá?"

"Disfarcei-me de selvagem, dando uns morras à burguesia. Foi trigo limpo."

"Mas a burguesia és tu."

"Pois sim, mas tenho uma grande rotina de embrulhadas do género. Eles reclamam o direito à folia. Eu já ultrapassei essa fase."

"Morte à CIA e ao KGB."

... a vitória é difícil mas é nossa...

"Desliga isso."

"Querida Alda, peço-te que tenhas presente o seguinte: durante o tempo em que aqui permaneceres beneficias de asilo político. Modera, pois, as tuas exigências. Não estás em condições de dar ordens."

"Agora deste em ditador? Quem diria? Alguma com quem andas te pôs assim, não?"

"Mudei muito, mas tanto, não. Quero apenas ouvir as notícias. Achas que falarão no acidente?"

"É muito cedo. Os jornais, logo, talvez."

Interrompemos o programa musical que temos estado a transmitir para passarmos a ler uma notícia chegada neste momento à nossa Redacção: cerca da uma hora e quarenta e cinco minutos, um automóvel de marca Morris despistou-se, indo embater num poste de iluminação, após o que se verificou violenta explosão do veículo. Resultado do acidente em vidas humanas: três mortos ainda não identificados. No local, compareceu a patrulha móvel da Polícia Militar em serviço na área. Suspeita-se que o automóvel transportava grande quantidade de explosivos.

"Aí tens. Acreditas, agora?"

"Parece-me difícil negar a evidência. Faço-te a vontade: desligo o rádio. Mais tarde ouvirei o resto. O que te levou a pensar que serias recebida por mim?"

"És bom tipo. E a possibilidade de voltares a fazer amor comigo, conta. Não te esqueceste, apesar de te esforçares por aparentar o contrário. Concedo-te a graça de me teres à vontade. Assiste-te o direito de cobrares o preço da minha estada."

"Há muito de ti nesta casa. Muito. Por enquanto não me macei com mudanças."

"À espera que eu reaparecesse?"

"Que ideia! Sou menos pretensioso do que julgas. Foi preguiça e nada mais. Preguiça."

"Nesse caso, o meu regresso nunca foi desejado."

"Para te ser franco, nunca."

"Mentes com quantos dentes tens nessa boca. Conheço-te."

"Pensei muito no nosso caso, como deves calcular. Até de mais. Como lhe pôr um ponto final? Não sou capaz de simplificar situações difíceis, bem sabes. O indecente conformismo da nossa vida privada era um insulto aos tempos que correm. Imaginei que poderíamos manter um certo tipo de relações. De camaradagem, sei lá. Fala-se hoje de camaradagem a torto e a direito. Mais uma palavra e um conceito desvalorizados pelo uso exagerado que deles se faz."

"Esses acordos acabam geralmente na cama e num conformismo pior do que o anterior. São coisas que acontecem a pessoas cujas experiências *a posteriori* resultam insatisfatórias. Preferem, então, o menor dos males;

o regresso aos braços dos que já demonstraram a sua incompetência e que são, ainda, os menos maus. Ora, no que nos toca, o caso é diferente."
"Devo aplaudir a filosofância?"
"A Alda é fraca a representar. Devias sabê-lo de cor e salteado. Nem a longa ausência te abriu os olhos?"
"Abriu. Mas ainda hesitam em ver o que não desejam. Para tua informação, digo-te que estava decidido a não me comportar como um marido convencional, desde que parcialmente te conservasse."
"Pois sim. Eu é que não te queria cornudo e manso. Democracia sexual não é para o meu arcaboiço."
"Como vão as tuas ideias? Continuas a alimentar as convicções pacíficas de outrora? Ou até mesmo essas estagnaram?"
"Continuo independente de esquerda."
"De esquerda, tu? Deixa-me rir. Olha que a revolução está lá fora à tua espera."
"De esquerda, sim. Por uma questão de higiene mental. A ultraesquerda põe a revolução de pantanas. Aliás, é coisa que se vê perfeitamente aqui de cima e que o Carlucci também vê das janelas da Duque de Loulé. De mim, não se dirá que fiz um favor à CIA, contribuindo para esquerdizar o processo."
"Nem ao KGB, ficando em casa muito sossegado."
"Exactamente."
"Por comodismo, então."
"Só de gente de esquerda aceito censuras à minha má consciência. E terão de ser puros os acusadores. Porque de outro modo, o acusador serei eu."
"Serei implacavelmente acusada?"
"Representaste mal o teu papel progressista."
"O que te leva a falar assim?"
"Cansaste-te depressa. A coisa exigia nervos de aço, audácia. Até aqui, tudo bem. Também requeria a vida e as ideias organizadinhas, uma certa demora – e aqui tudo mal."
"Sou má em teatro, já te disse."
"Disseste. Contudo, representaste suficientemente bem para me enganares durante uns meses. Depois, foste-te a baixo. Criaste aquilo a que agora chamam uma situação triangular. Pressionada pelo medo do comunismo. E porque eu não achava, apesar dos ataques à minha pessoa feitos pelos vermelhos de segunda escolha lá no Banco, o socialismo um modo de vida assim tão horrível. Perdeste as estribeiras, foi o que foi. A nossa

ruptura acompanhou as rupturas políticas da sociedade. O nosso desastre de amor foi a nossa triste experiência política. Só me espanta que não chores o Júdice – estás aqui a falar de tudo e mais alguma coisa, menos dele."

"Morreu. Voltei-me para ti por necessidade. Não cries ilusões inúteis. Acertas em bastante do que dizes. O pior é que os teus raciocínios enfermam de os desenvolveres muito fechado em ti mesmo. Funcionas em teoria, em abstracto, e isso faz da tua história tragicómica um caso sem qualquer interesse para os outros. Num ponto preciso estás equivocado. O Júdice, no sentido que sabes, foi um homem perfeito. Não cometeu *certos* erros. Fui clara?"

"Como não morreu de velho, é de crer que tenha cometido *outros* erros."

"Neste momento, estou disponível para o amor. Parece uma heresia dizer isto tão a seco, com o cadáver do Júdice a arrefecer na morgue. Sou assim, não há nada a fazer. Sempre mulher prática. Sempre voltada para o futuro. Sempre atenta aos sinais."

"Ah, sim?"

"Para me guiar, tenho por ponto de referência a memória das relações com dois homens: tu e o Júdice."

"Palavra?"

"Naturalmente: não penso numa retirada precoce e tão pouco acabar nos bares. Correrei, de novo, o risco. E, arriscar por arriscar, que tipo de homem achas que merecerá a minha escolha? Um fulano como tu ou um homem como o Júdice?"

"Um sujeito como eu, visto faltarem-te alternativas. Ficaste órfã. No teu espírito, existe agora um enorme vazio. Valeu-te eu não ser um revolucionário comicieiro e estar em casa para te acolher com as honras devidas."

"Que estarias em casa sabia eu. Reconheço: devo-te a esmola que foi abrires-me a porta. Por isso me propus pagar."

"Resta saber se o meu preço é o teu. Se estou disposto a aceitar a tua oferta. Ou se exijo mais."

"O que mais podes exigir?"

"A tua imediata e total rendição."

"Chantagem?"

"O teu lugar é aqui. Desejo que fiques, que te instales em definitivo."

"E se não ceder? Expulsas-me? Denuncias-me?"

"Ou pior."

"Posso enganar-te. E, enganando-te, ganho tempo."

"Acabarias por mostrar o jogo."
"Uf! Como vou eu sair disto, meu Deus?"
"Ficando. É simples."
"Até pareces o Vasco Louco."
"Aceitas, então?"
"Não. Não aceito."
"Como é isso? Não aceitas?"
"Prefiro entregar-me à polícia."
"Decidiste em fracções de segundo? Que cata-vento me saíste."
"Agora ficaste tu órfão, hem! Não esperavas este desenlace. É que finalmente estou mais calma. Reflecti. Há em mim tanta confiança de que esta amostra de revolução vai dar o estoiro dentro de dias que nem me importo de passar os que faltam atrás das grades."
"Proponho-te que conciliemos…"
"…o inconciliável? Tem juízo. Bastou-nos uma dúzia de meses para sabermos que a conciliação – a todos os níveis – era uma completa patetice. Como o povo unido, lembras-te? Nem conciliação política, nem conciliação sentimental, têm futuro para nós. Tu, sim, és um conciliador. Foste vexado – vim a sabê-lo com pormenores – pelos sociais-fascistas e continuas a namorá-los."
"Como assenta bem nos teus lábios burgueses essa linguagem ultraesquerdista."
"Só que eu assumo a minha condição burguesa. Tu, não. Tu, pequeno burguês frustrado, não tens a coragem de te apresentares na rua com o teu verdadeiro rosto. Comportas-te como um reaccionário passivo mas exibes-te na feira com roupagens de intelectual revolucionário. Que ridículo, não achas?"
"Mais uma vez te equivocas. Falávamos de amor e tornas à política. Estás a ser deliberadamente não cooperante."
"É isso mesmo."
"Pois sempre te digo que a minha atitude perante o golpismo pecepista tem sido de crítica activa e que tenho pago por isso."
"Bravo!"
"Sem desistir, repara, de admitir que novas formas de convivência são indispensáveis, hoje mais do que nunca, neste país."
"E admites isso aqui metido em casa?"
"A minha contribuição para o avanço da democracia socialista é de natureza reflexiva. Concordo contigo quando dizes que isto está por um

fio. Deploro os excessos. Tenho-os denunciado na única folha impressa que ainda não se me fechou. Todavia, apesar de vexado pelos sociais-fascistas, como dizes, repudio o regresso ao passado, à mordaça, à tortura, ao puritanismo de fachada, ao medo, ao secretismo beato."

"Lembra-te de que eles, os comunistas, uma vez no poder, tenderão a eliminar todos quantos não se enquadrem na sua linha política. Instalarão a polícia secreta a partir dos ficheiros da Pide que, como sabes, estão nas mãos deles, criarão uma pesada máquina burocrática e os bons lugares deixarão de se negociar nas sacristias para se passarem a contratar junto dos influentes do partido. É a um tal estado de coisas que chamas novas formas de convivência humana?"

"No mínimo, a tua opção não é a minha. E daqui não saio."

"E achas que se eu ficasse se criariam condições para nos entendermos?"

"Com a tua ajuda, sim."

"Já te disse uma vez que não sou mestre-escola. Aprendes com dificuldade. Quero gozar a sabedoria dos homens, não me frustrar com a sua ignorância. És muito limitado nuns campos, muito ingénuo noutros."

"Sempre vais entregar-te à polícia?"

"Vou. Podes meter a tua esmola onde muito bem entendas. Deixei de precisar dela."

Alda e as suas alterações de humor, que põem Bernardes à mercê de impulsos incontroláveis. Um verniz de malícia nas palavras, não as necessárias – as inúteis. Não as que em tempo oportuno foram ditas com algum tino. Essas perderam-se no desacordo irremediável. Trata-se de avançar na reorganização do insulto, de inventar novas técnicas de ferocidade. O lastro corrosivo ganha espaço. Começam a decompor-se os pequenos edifícios das pequenas concessões construídos ao longo da conversa gume. O selecto verniz dá lugar à piada rasca. Alda ri, no gozo. O verniz estala. Imagem de Alda velha, reprodução da mulher que foi em tempo de fascismo, presente. Olhos azuis, imensos e lânguidos no rosto de saliência masculina, lábios finos, deformados pela contracção artificial do riso. Uma flor nos cabelos em queda, um corpo delgado que se enforma nas coxas e se distende, solto, no *maple*, como uma provocação. E o riso, torpe. Todo o corpo de Alda cúmplice, rasgado à troça. Toda ela escárnio, rindo no gratuito esgar do próprio riso, na ferida que vai abrindo, no desprezo que já lhe fere o olhar, ignorante de que o marido consciencializou o tempo de separação, mentalizando-se para um acto limite. Bernardes já está em luta, cativo da ira em estado bruto que finalmente se revela.

Da sinistra campeã da madrugada vem o estímulo para a acção. Bernardes experimenta-se, forma o salto. Avalia o amadurecimento de ideias submetidas a recente estudo. Considera-as estáveis, com viabilidade prática, pensa, penso. E que rompem de um chão de equívocos – matéria residual, lodo, areia pastosa. Nada a fazer contra o imperialismo do ressentimento. Forte demais. Dele, ressentimento, se nutre a História e também a épica moderna. *O ódio acabará quando acabar a luta de classes*. Que aldrabice! Isso seria fazer o infortúnio da História, paralisá-la. E, desvalorizada a História, como instruir as massas da infalibilidade da sua dialéctica, como exemplificar que matanças sanguinárias constituíram tocantes vitórias da Humanidade? O motor da História funciona quando a coragem se toma a alavanca do corpo social em movimento. Só que a Coragem-Motor-da-História não é mais do que o agente psicológico de leis universais de extermínio e o elogio dos melhores é também o elogio dos que mataram melhor, dos que, desconhecendo o perdão, ergueram sobre pilhas de cadáveres modelos de tirania em nome da fraternidade igualitária entre os homens ou da uniforme condição destes perante a Divina Providência. A arrogância com que depois exigem respeitabilidade para a cobertura dos massacres...Tiranos eleitos, homens providenciais, salvadores da pátria. Todas as cadeias de rádio e de televisão, todos os jornais também a alma de alguns jornalistas ao serviço dessa mistificação dantesca de pôr o povo de joelhos diante dos seus próprios carrascos. Carrascos que se identificam com Deus ou com o Estado. Que constroem cárceres e refinam métodos de tortura, assim se defendendo daqueles, poucos, que, compreendendo a grandeza da fraude, resolvem, inteiros, ofender as instituições para lhes denunciarem a malignidade. O respeito, porém, não se discute e não há ninguém mais cioso da sua posse do que os titãs de consciência pesada com súbito acesso à imposição maciça daquele.

Franja de provocação. Ressentimento. Sons. Baladas de guerra. Vertigem. Perto de atingir o clímax, Bernardes. Quase a dar o passo da glória, a desenvencilhar-se dos espectros que ainda o tolhem na fronteira do risco. Morte. A de Alda, bem entendido. Resgate. Passaporte para a liberdade de existir em pleno, na grande vitória sobre os medos remíveis pelo formidável acontecimento que se vai seguir. Morte. A de Alda. O fim desse sarcasmo portátil, desse asco, desse amor impossível. Saída. O salto em frente – o homicídio autorizado pela classe operária em lume, na rua. Apresentar-se-á ao proletariado na qualidade de herói da revolução e carrasco da burguesia. Exibida como troféu de caça a cabeça desta – Alda. Ninguém saberá não se tratar de um processo colectivo. Em aberto, a questão privada de se consolidar um acto de egoísmo avançado. No oceano desse egoísmo, a revolução como boia. Radicalizado pelo eco da luta de classes e pelas vicissitudes da incoincidência sexual, o evento terá a devida cobertura revolucionária, com morras à burguesia e vivas ao comunismo, fazendo-se do assassinato-rolha-de-frustrações individuais uma fulgurante jornada colectiva de luta. *Morte à burguesia*. Não o mandatam eles, lá de baixo, para o golpe decisivo?

Alda dispõe-se a sair, verifico com certo alarme. Fez, seguramente, o balanço dos estragos. O balanço deste célere, inútil, encontro. Na sua abalizada opinião, faço notar, de interlocutora privilegiada do mundo, não passo de um farrapo imprestável, de um triste, de um parasita que insulta com uma ofensiva passividade o seu temperamento de mulher de acção. Alda, a rápida fuga. Na sinuosidade dos ventos da manhã. Talvez cadáver adiado. Viscosa, no embate atractivo, no instinto do perigo. Agora, precisamente, que me preparava para a estrangular com a gravata de seda às ramagens azuis, foge-me ela. Que porra! Precisar de apenas alguns minutos para realizar o crime perfeito e ser surpreendido pela sua intempestiva vontade de se pôr na alheta. Dois simples passos em direcção à porta fazendo desmoronar o meu lindo sonho de absoluto. Estúpido contratempo! Terei eu, Salustiano Bernardes, de minha graça, de exonerar-me de assassino antes mesmo de assumir, na prática, essa condição? Ou, no fundo, desejarei isso mesmo – que Alda parta, fornecendo-me o álibi do homem total que, por um triz, não fui? Ouço-a, já na escada: "Adeus, boi manso." Incho, de ódio. "Não passas de um comunista mal amanhado, ou cuidas que não te entendo?" E vou deixar outra vez impunes os teus escarros, as tuas bocas, os teus açoites? Ah, não, querida Alda. Acabou-se. Ouves o maralhal na rua nova que os seus gritos pariram? *Morte ao FLP e a quem o apoiar*. Ouves? Pois bem: quando chegares lá abaixo, tê-los-ás à perna. Dá-me tempo a que escolha, da colecção, o emblema. Este: Marx, Engels, Lenine, naquele abraço. Espeto o alfinete do emblema na camisa, à esquerda. Agora é só chegar à janela e gritar, as mãos em concha junto da boca:

"Camaradas! Camaradas!"

"O camarada está em apuros?" – a pergunta resposta vem através do megafone.

"A burguesia acaba de me violar o domicílio."
"E que é dela?"
"Foge. Impeçam-na de sair."
"Descansa, camarada. A vitória é certa."
"Olhem que ela é finória!"
"Não nos escapa. Camarada: já sabes de S. Bento?"
"Não!"
"O VI Governo anda à procura dos subterrâneos que o Salazar por lá cavou. Quer dar o salto e não sabe como."
Mas a minha guerra é outra. É a minha guerra. Insisto, com pormenores, tanto quanto o permite o verbo em brasa da multidão.
"Camaradas: vigiem-me essa porta."
"De que burguesia se trata? Da alta, da média ou da pequena?"
"Da pequena com pretensões a média. Cuidado com ela. Está envolvida no caso do automóvel que explodiu esta noite."
"O da Praça de Espanha?"
"Esse mesmo."
"Aguenta firme, camarada. Aguenta. Vai já aí a nossa segurança."
Volto-me. Alda está junto de mim. Lívida. Encurralada e com a consciência disso. Recuou, ao ver que "malfeitores da ganga" lhe barravam a passagem. Não articula palavra. Desistiu de bramar. Um leve choro de medo. Um ténue friso de desespero na testa. Foge de me agredir. Olha-me com espanto, como uma raridade. Sou-lhe outro, mortal inimigo em vez de trapo neutro. O proletariado da cintura sobe as escadas em tropel.

Ultrapassa a sobreloja e chegará aqui, ao segundo, para, a pedido meu, fazer justiça revolucionária. Eis que os revolucionários irrompem pela sala, barbudos, impetuosos, armados até aos dentes com chaves inglesas e barras de ferro. Perguntam-me:

"É aquela?" – perguntam.
Confirmo:
"Aquela!"
Observo, inquieto, a súbita fisionomia tranquila de minha mulher. Sinal de que se vai sair com uma avaria qualquer. Diz ela:
"Um momento, camaradas: merecem-lhe acaso algum crédito as palavras de um vulgar coleccionador de emblemas que fica em casa todo repimpado enquanto vocês fazem a revolução?"

E, num gesto imprevisto, Alda abre a gaveta do móvel onde desde o 25 de Abril guardo emblemas de todas as cores. Os olhos da aristocracia da classe operária caem, fulminantes, sobre Bernardes. Alda, aproveitando-se da confusão, raspa-se dali para fora. Sinto um estranho frio percorrendo-me a espinha. Bernardes vai pagar a factura de uma despesa que não fez. Termina o embuste. Alda, sã e salva, ri, com certeza, a esta hora, da santa inocência dos seus algozes. Dos quais será, por sua vez, algoz, em data a combinar.

Café. Fumo. Palavras.

"Ainda se tivéssemos podido…"
"Mas não pudemos. Paciência. O que há a fazer é recomeçar tudo."
"E a felicidade?"
"Só para depois de amanhã."
"Mas Freud…"
"Mas Lenine…".
"Violando estatutos do passado..."
"Qual violar! Trata-se de extinguir."
"Ainda se o amor..."
"Leia Bataille."
"Fomos recebidos como cães..."
"Não sou de vinganças. Juro. Mas o Costa Gomes devia ser julgado."
"… com o que trazíamos no corpo."

Crosta. Idade. Batota.

"Individualmente, acho que há valores. Quanto a conjunto..."
"Faz falta na equipa o dedo do Pedroto."
"Descanse: para a próxima época lá o temos."
"Comparando, porém..."
"Quer então dizer que está tudo acabado entre nós?"
"Só vejo um, nesse domínio: Brassens."
"Comparando, porém..."
"Basta de egrégios avós. Prometemos exterminá-los."
"Isso foi no tempo da clandestinidade."
" Invente. Invente-se."
"A partir de quê?"
"Do ioga."

"Está a entrar comigo."

"Eu era uma simples administrativa, não estava implicada, compreende, em nada de grave."

"Seu marido...?"

"Separámo-nos. Continuamos amigos. Visitamo-nos de vez em quando."

"Que fazia ele?"

"Era funcionário lá da casa."

"Não me diga que também era um pobre guarda das fronteiras."

"Patrão Adérito foi no 'movimento'? Atravessou o camião na rua? Fiz o que os outros fizeram, fui a isso obrigado, respondi. E os frelimistas: patrão Adérito, sua vida corre muito perigo. Nessa mesma noite carreguei o camião com quatrocentos pares de calças e passei-me para a Rodésia."

"Os eme-érres é que não as cortam."

"São eles e o Jaime Neves."

"O Jaime Neves é que vai tomar conta disto."

" Vigia-me essa febre, rapaz."

"Ou pensas que o povo unido..."

"O povo unido, não digo, mas os suves..."

"De carapuça enfiada até ao pescoço?"

"Quem sabe da poda é o Fabião."

"Dizem que vai abrir a caça."

"Às perdizes?"

"Aos comunas."

"No Norte abriu mais cedo."

"É outro país..."

"Se não for o Norte..."

"Portugal acaba."

"Andam a pedir uma pinochada."

"Tem calma e dá tempo ao tempo."

Enxurro. Velório. S. Domingos.

"É que..."

"Se não quer, por que há-de...?"

"E o futuro?"

"Que quer que lhe diga?"

"O futuro, homem?"

"Não lhe chega o bafo dele?"
"O futuro é, na sua opinião, passado."
"Sim, já lá vai, acredite. Depois de Tancos. Você dirá."
"Ou me engano muito, ou você está a dar à casca."
"Refiro-me àquele futuro que lhe era invariavelmente servido no final dos romances neorrealistas."
"Em suma: não há futuro."
"É uma maneira de ver as coisas..."
"Quer dizer: os oráculos..."
"Faziam previsões a olho."
"Diziam-nas científicas."
"A Ciência anda."
"Seria por não ter havido tempo de julgar Lenine?"
"Não. Foi porque não o souberam ler."

A luxúria pobre dos sequestrados de Lisboa.

"Como se chama a rainha do *hard-core*?"
"Olhe: para mim, a rainha é a Emmanuelle!"
"Vou ser franco: desta vez levei a patroa."
"E gostou?"
"Só com mulheres, diz ela, o mundo, afinal, funciona. Ih! Ih!"

Saio desta náusea. Ando. Castigo o olhar no sol em queda sobre os metais da urbe. Reflicto.

Amanhã, os pára-quedistas ocuparão metade do país.

A cidade, refere a rádio em notícia de última hora, está perfeitamente em ordem. Os poucos vivos que aceitaram pagar na refrega o preço exigido pela geral tranquilidade das ruas tornaram-se os mortos que são. Porventura muito desejada, a aridez deste silêncio insinua-se como lento ópio. Está para ficar. Flutua-se, à procura do lugar. Tacteia-se, de novo, o chão, procuram-se as novas coordenadas, reacham-se marcos de propriedade, escrituras, pergaminhos, e há cinza no percurso da utopia atravessando a fronteira do nosso riso. Um riso de indecisão constrangida, esvaziado de malícia, algo demente, insosso. É possível, agora, espiar o voo alto das gaivotas com todos os vagares, rezam ainda os noticiários, ou dedicar aos vagabundos que usam os bancos da Avenida para curtir seus imensos ócios, pensamentos formosos, lineares. Sabe-se, sabe-o, em todo o caso, Bernardes, que começou a longa marcha à ré desde que os sitiados da Calçada da Ajuda perderam a partida por desconhecerem a lei da vantagem e insinuarem que o árbitro não tinha categoria para dirigir um jogo de tanta importância. O sequestro de Bernardes pela esquerda pura, na decorrência do seu desmascarado embuste, terminara após duas horas de interrogatórios. O comando da justa luta admitira, enfim, a inutilidade, para a Causa, de um prisioneiro de tal gabarito e haviam-no deixado em paz sem terem cumprido qualquer sentença violenta.

Bernardes começa a enfrentar-se no seu próprio julgamento. Mais penoso este do que aquele que lhe fora imposto pelos ludibriados. Está, estás, finalmente, ou pareces, em sossego. Ainda bem! A paz seja contigo. Passeias-te por entre os prumos de cáqui cinzento, o cáqui ombro-arma, de olho atento no palácio rosa. A cidade enfeitada de guarda a pé é outra loiça, não achas? Pois é. Experimenta subir a calçada. Que tal, estes rapagões dos comandos, tão calmos e descontraídos? Ouviras falar muito deles mas nunca os tinhas visto, pois não? Aí os tens, em cacho à porta do quartel, de cabelos longos escorrendo dos bivaques como fitas de nastro escuro, enquanto os *Fiat* sibilinos, em voos picados, trazem ainda apavorada a rapaziada da Margem Sul. Que é que está para chegar, Salustiano Bernardes, que é que vem nas mãos destes centuriões agastados com tanta desordem? Porque apertam eles com tanta energia as coronhas dos seus engenhos de morte, apesar do seu aspecto desenvolto, postados ao rés do desmantelado portão que mostram aos passantes como despojo de conquista? Que é que vem aí?

A ressurreição do silêncio cria a poderosa sensação de que o ponteiro revolucionário tornou ao zero. Um certo Eanes de óculos negros e queixo duro começa a andar nas bocas do mundo. "É o Pinochet português", diz alguém, com os olhos rasos de água. "Não é semelhante coisa. É um democrata. Julguem-no mais tarde", assevera outra, mais actualizada e conhecedora, voz. Soldados do "inimigo", de mala aviada, deixam as instalações do quartel. Cabisbaixos, descem a calçada da sua derrota, depois de lhes ter acontecido um momento exaltante de vida. Salustiano Bernardes, verificador de destroços, compara a sua inutilidade medrosa com a resistência dos heróicos vencidos da véspera e chega a conclusões nada lisonjeiras para si próprio. Como lutaram ou por que lutaram, talvez importe pouco. Forçando a História, roubaram para si algumas migalhas de eternidade, fazendo de certa maneira uma ultrapassagem fora de mão, bem-sucedida, ao anonimato da morte. Conquistaram um direito que não consta da Declaração dos Direitos do Homem: o direito à Memória. Têm garantidos, os vivos, uma boa ração de saudade, os mortos as mordomias da lenda. Por algum motivo é a lenda mãe extremosa dos que tombaram por nobres causas. Porque deles e da sua aventura se nutre. Porque se morre, aqui, em Lisboa, por um sonho. Mesmo depois de se perceber, do espaço, a pequenez da Terra.

No longe até ao monumento ao Infante, virado ao mar, um leque irregular de caixotes, bagagem de retomados, mancha a paisagem outrora alindada para turistas. Pequenos grupos conferem haveres, trastes diversos, pesquisam embalagens com nomes de destinatários inscritos no exterior. Ponto final na epopeia de Quinhentos – mensagem que se ambicionou deposta aos pés do príncipe. Ei-las, cisco e miséria, as sobras de um projecto de louco. Desembarcados, amontoam-se os restos do império, entre ripas; pequenas jaulas de madeira, empoleiradas no mesmo insulto, ou no mesmo grito, eco de cisterna que secou, estiolam ao sol, vulneráveis à pilhagem e à corrosão do ar salino. Entretanto, Bernardes, ao longo do cais, na posse do que secretamente desejou, sabe que o provável destino de homens conluiados com o futuro se resolverá no interior de um estádio transformado em calabouço, ou matadouro, do qual não chegará rumor aos ouvidos da rua. E da meia intuição desse possível desfecho cresce um pesar, uma espécie de nó que lento se aperta em torno de mil novas suspeitas em tropel, qualquer coisa como um presságio de noite total a descer sobre a cidade a cavalo nos signos mais dramáticos e temíveis da História moderna.

Bernardes, safado actor, por que não danças de alegria, de desforra, de alívio? Por que te martirizas? Salustiano Bernardes, meu caro, estás à rasca. Querias que a festa chegasse ao fim, mas temias as consequências do desmanchar da feira. Elas aí estão. Prepara-te para o pior porque os vencedores já fizeram constar que vão levar tudo a eito.

Furgoneta de luxo, preta, ocupada por gatos pingados, cintila nos seus cromados e na sua carcaça brilhante, à entrada da rua, lembrando a Bernardes uma honesta profissão pouco escolhida pela literatura – quem se lembrou alguma vez de contar a história da vida privada de um gato pingado? Entra no prédio do Loreto, sobe as escadas de olhos nas frinchas e nas crateras abertas pelo caruncho na madeira antiga dos degraus. Chave na ranhura, duas voltas, cheiro a bolor, pão estragado, na cozinha, quem sabe, à testa da horda de outros cheiros, tabaco, na cortina de brocado, água de latrina, pau velho de móveis espectrais, ah, merda de peixe e água por mudar, sobejos de gerânio murcho, uma réstia de alhos, soja. Fragrâncias várias num império de cheiros que reteve os do suor de Alda e do desodorizante que o combatia. Cheiro é memória. Alda ainda presente, enquanto lá fora a circulação se faz mais apressada, até que, logo, o recolher obrigatório dê ao rosto da cidade a sua proporção exacta, com focos de luz artilhados para ruas ocas, esses canais sem voz onde também se escutará, entre ordens de militares e as ruidosas movimentações dos jipes, o assédio obscuro do medo.

Na rádio, Amália canta um fado fanado. Outra noite de estupor, igual àquela em que Danny Keye calou Durand Clemente por ordem de Pires Veloso e me masturbei a pensar em Alda. Deito-me sem me despir. Sonho-me como fui e também como seria se tivesse feito o que sempre ambicionei. Pilante do campo quando moço, parceiro de faunos, próximo de eguariços e pastores, fino ao pião e no armadilhar aos pássaros, migrante involuntário nas cidades me tornei, nesta, noutras, tentando vencer um destino de desalojado crónico. Durmo, ou talvez não, começo em todo o caso a tentá-lo. Sou este trapo em crise e em repouso, ou porventura o bravo que no seu beliche uma bela manhã acordou a examinar-se e a chufar do seu próprio bolor, descosendo-se do tempo escolta e a estremecer de desassossego. Inteiro-me da nova personagem que para mim apela, de Amália sobra uma tosca elegia que completamente se perde no alto mar.

... construída a ideia, dela fez sonho e palavra. Dez, vinte, mil palavras sem matéria que lhes correspondesse. Palavras de hímen intacto. Do uso das fechadas vivas palavras é que lhe veio o nojo do convés. A suspeita compostura dos grumetes ergueu-se-lhe da inviolável igualdade dos dias. Donde se aplicar no estudo da fuga, em refrega que consigo mantinha de saber se seria, ou não, lícito, um excesso de intenção. Aceitou não ser exageradamente débil, nem completamente cobarde, nem suficientemente alheio à maldade das palavras – talvez, para lá das dos livros e dos pensamentos, um guia para a vontade. Porque trair, no insulto da sua disciplina, o senso comum era salvar-se. Para dele, do império da rotina, escapar, era-lhe urgente uma provocação. E assim decidiu: resolvendo abrir as portas das celas e deixar as palavras tornarem-se livres e partirem ao encontro de cada um dos possíveis sentidos, no real, fisgou o que esperava, o rosto desse verbo que na confidencialidade do protesto lhe cingira a primeira máscara de conspirador ...

...desse modo transpôs o lanço mais temido do longo discurso: o de compreender que a palavra, fora do entalhe da vida, era uma espécie de rumor numa gruta, logo vitimado pela voracidade do próprio eco. Percebeu ainda: para enxotar de si o outro cuja tonta sabedoria lhe adulterava os sonhos, resíduos seculares precisava extinguir, a modas velhas urgia dar condigno enterro.

Acordo? Não. Não acordo. Ou talvez. Mantenho vivo o sábio fogo de estar e não estar, de ser, não sendo, de exercer a arte de flutuar, de pairar, de adejar. Imponderavelmente. Habitante activo de uma semi-inconsciência de vela ao enredo que no seu espaço oscila entre a lógica e o agradável mal-estar da vertigem própria do actual não sentido das coisas, tacteio a mesa-de-cabeceira, tacteio-a, em todo o caso, sem muita convicção, busco a pastilha para dormir que sobre ela não encontro, nem gastarei tempo a procurá-la melhor, não vá perder qualquer fatia da intriga deste sonho. No claro-escuro se desenha a descida a pique nas águas, caos de bolhas nas paredes líquidas fendidas pelo gesto de discutir se existência é trigo ou joio, esquecendo o audaz fugitivo por mero descuido a assiduidade dos cardumes de esqualos nas imediações da costa. Trinca um pero camoês, prepara o salto enquanto se imagina já a poucas braçadas de terra firme. Ajuíza que, se não for desta, jamais se apartará do chão de tábua e ferros da poderosa nave, sulcando os oceanos de convés lustrado a braço de grumete, velas enfunadas, máquinas cordiais no forcejo de avançar. E assim, hostil ao prognóstico de que no colchão denso das águas seu plano falhará, vai arrumando ideias para dar rosto a essa audácia que lhe impõe, de imediato, nascer e morrer um pouco, sem inúteis demoras a protelarem a pompa do mergulho. Extrair o abcesso, raspar o musgo, eliminar coágulos de rancor. Tarefas que exigem pressa. Trabalhos de uma certa urgência. Trabalhos delicados, inadiáveis.

...dizia, a bordo, Alda, que, nada sabendo ele de fascismo, não tendo sido propriamente um mártir, sequer um desses obstinados de café com fachada revolucionária e hábitos burgueses, não tendo arranjado um fato de herói que se conseguia com uma pequena visita à Pide, para quê, então, arengar sobre o que não entendia, e logo ele, com uma situação na vida nada má e com a possibilidade de compartilhar com ela, sempre que lhe apetecesse, o camarote real. Para que se pusera ele, dizia Alda, com um ranço na voz, nos olhos e nas obliquidades da boca, desprezo, a debitar censuras a tranquilos tempos, tanto, tanto lhes

devendo, a esses tempos e a ela própria? Pobre veterana da pilotagem, rainha de lata, ela, sim, que sabia ela de fascismo? Ele sabia de fascismo um ror de espancamentos na escola primária; noites de gelada e continuada solidão afectiva, masturbando-se; nas mãos, haviam-lhe posto a carabina de repetição e na mente um inimigo. Dissera-lhe o capelão que amasse o próximo, desde que fosse branco; dissera-lhe que partisse em busca do inimigo, que o dizimasse, em nome de Deus e da Pátria, e que se porventura, imolado ao amor pela bandeira, Deus fosse servido chamá-lo à sua Presença, lhe encomendaria a alma com toda a competência para que fosse o Paraíso o destino dela. Sabia mais, muito mais, de fascismo do que ela supunha. Sabia do pão que não tivera, o pão ausente da sua infância, sabia, já na cidade, da máquina de costura Singer comprada a prestações (pobre mãe de coluna vertebral arruinada), sabia de seu pai, lancheira na mão, lívido, olhando-a a evoluir no terreno a avançado centro, pondo numa lástima as meias solas dias antes colocadas nas botas, sem saber como calçá-lo no mês seguinte. Sabia também do amor e da sua impossibilidade, sabia muito pouco de sexo. Tirara os três numa casa de passe do Bairro Alto. Mas as putas nunca o haviam elucidado grande coisa sobre o amor. Embora compreendesse que o único gozo delas era o dinheiro. Aliás, seu pai dispusera a tempo e horas a interdição de se viciar nesse comércio, por causa das doenças venéreas. Dissera-lhe aos doze anos que não metesse a picha em qualquer buraco para que aos cinquenta não tivessem de lha cortar; induzira-o a procurar uma namorada – advertindo que quando precisasse de se servir de mictórios públicos jamais mijasse para cima de pedaços de algodão. Fora esta a educação sexual recebida do pai e por causa dela arranjara uma namorada. Mas à rapariga, sempre que a beijava, davam engulhos ao sentir a língua dele enrolada na sua e chamava-lhe porco. Mandara-o pentear macacos. Então, com a infância na montanha fazendo parte da sua lenda pessoal e afeiçoado já ao encanto podre das cidades, descobrira o entretém da punheta. O Cabrita, fotógrafo à la minute, vendia-lhe fotos de gajas nuas a três mil e quinhentos cada uma. Fornicando com as putas de papel se livrara da sífilis, satisfazendo o voto paterno, todavia adquirira uma baça lividez nos relevos sem carne do rosto e os olhos jamais haviam recuperado o brilho agreste dos anos inocentes. As raras visitas ao Bairro Alto não tinham contribuído para melhorar muito as coisas.

Salustiano Bernardes, tens um péssimo dormir, isto é, chamado à realidade suplementar do quarto por uns quantos nadas influentes no teu périplo mental, estendes o braço que deixaras suspenso, hesitante, cai nele em repouso a cabeça de Alda, dobras o cotovelo, a mão em rosca a servir de apoio ao queixo anguloso, pressionante, da mulher que, torcendo o pescoço de rena, nos teus coloca os olhos e a boca desejados. Alda, estás aqui, meu amor, nunca deixaste de estar, tal como sempre te quis: fio de luz. Com que cuidado te piso o sexo, fricciono o calcanhar nesse pequeno forno gelado que vou aquecendo com movimentos desiguais. Cerras as pálpebras, adivinhas que o mel vem aí, que o cerco aos sentidos expulsa de ti o frio e jacta para longe o nojo dos corpos, a menos que teus húmidos lábios, tuas frementes narinas, o sábio denodo que lento fere a disciplina do teu ressentimento, constem da ficção indecente que recuso e, todavia, consternado, invento. Salustiano Bernardes, que metamorfose, que talento. Desconheço-te e contudo aclamo-te no esforço vitorioso de trazeres Alda ao redil por tua própria mão, de a sacudires para as dores da festa, de a salvares como corpo do afecto. Acaso não apurei a luz da pele? Não introduzi nos gozos sensuais o importante contributo do tacto com prudência e classe? Não geri com firmeza os trânsitos das bocas? Salustiano, escuta. Cala-te, deixa-me prosseguir. Mas, Salustiano, deliras! Chuta! Que Alda te não ouça. Alda encarnada. Alda rubra, afinal. Era um disfarce. Rósea a desejo, vermelha se diz. Nela reconheço a breve violência da cor em mutação.

Todo eu, calcanhar, o meu, e barriga da perna e joelhos, ventre, tórax, pénis, eu, inteiro, de tinta escarlate coberto, espero a verdade deste momento de imprecisão e cio. Vermelho de sangue, aceito o teu preço, que é deixar o sexo nas tuas mãos aderentes ao formato cilíndrico enquanto penso em tamareiras rompendo no deserto, cimento de Portland, em velas latinas de veleiro das colónias, enquanto te esfrego as mamas com uma mão e cravo a unha do polegar da outra na esponja que em tropel finalmente canta. É então que, retirando a mão da figura de três vértices, reparas, Bernardes, no castanho-escuro dos teus dedos, na sua rápida decomposição, e verificas, atónito: o mesmo sucede ao braço com que tinhas cingido o pescoço de rena, à barriga da perna, ao pénis abandonado à náusea do verbo manual. E, logo a seguir, fezes humanas amolecem até quase se desfazerem no espaço em que levitarão seus restos e, Bernardes, de borrão a fluido chegarás, exterior a Alda para mais facilmente a penetrares, percorrendo seu corpo visível como quer que desejes fazê-lo, sem que ela possa alguma coisa contra ti. Verás então, depois disso, dessa libertação por contágio, a nudez de Alda tornar-se verde e a grande festa de vermelho que sonharas perder-se no sol nocturno que te visita.

Tempo para a lúcida pausa: de borco, sobre a cama, num banho de esperma, agora talvez mais sereno, quieto para que se te seque nas pernas a borracha pastosa que soltaste, te devolves ao sonho, ou à ficção, pois ignoras em que sonho estás, se em gasosa digressão no corpo de Alda, se contra ela conspirando no lugre-pirata largado a todo o pano no grande mar.

"... *fazes estalar, ainda à maneira antiga, o chicote, nas costas dos grumetes mulatos. Deixa-os, perto da costa, sentirem o odor da revolta, verás no que te meteste. Tanto a bombordo como a estibordo dir-se-ia ser, o mar, propriedade tua. Tanto mar. Mas isto é Chico Buarque e que tens tu a ver com Chico Buarque, hidra de cem testas? Chico é trovador do futuro, balada de mel, aflição de conjurado na intriga do cravo – flor, para ti, detestável, de há tempos a esta parte. Sentes-te, sei, como truta na água, na tua pele e condição de dona. Senhora dona. Dona isto, dona aquilo. Estas são donas pobres, pobres donas, donas adjectivos. Tu, dona substantivo, tens outro chá, outra classe, não limpas o traseiro a qualquer caco. Sabes adular por coisa que te enleve, raça de império e de roça, raça de roça dona, dona de roça raça, a saudade de mil plantios de grão escuro te mitiga o credo da chibata, que no susto da fuga reinventas nos dorsos dos grumetes mulatos, enquanto o barco de grande calado, que comandas, transportando no porão o último oiro da última mina, sulca, cheio de majestade, pela primeira vez (ou pela última?) as águas territoriais do inferno, segundo o quadro que tu própria pintaste da pátria."*

Os grumetes, porém, trairiam as mais optimistas previsões de Bernardes. Unidos na clara provocação ao País – a embarcação rasará, por ordem expressa de Alda, o cabo mais ocidental do continente –, eles, chicos de mulato carregado, musculados de escuro brilhante, deixando perceber a existência de mãe ostensivamente escarumba receptora do esperma de um arraçado de berbere, eles, branqueados de alegria ao rés dos lábios, esfregavam, aplicados, o convés da sempiterna catrineta, evitando que um verbo mil vezes repetido e mil vezes calado enfunasse de prematura ira o projecto de cilada à espera do minuto exacto para ser posto em prática. O essencial de uma luta, no instante da escolha, está no fundo de todos e de cada um. E se não dispunham do passageiro saber de que um dique contra a infâmia algures se construía, em seu nome, numa cadência de festa, compreendiam do apressado desmanchar da feira o suficiente para o suspeitarem e entregarem-se a uma complicada aritmética de probabilidades. Para que aceitar os riscos do plano de Bernardes se era outra a sua guerra e outros os resultados que traziam em mente? Que essa escória mestiça se lixe, pensa, no seu sonho, Salustiano Bernardes, por terem os grumetes mulatos arvorado a bandeira branca sem lhe pedirem opinião. Então não viam que assim perdiam nele um aliado pronto para tudo? Sentiu a decisão dos meio negros, hábeis no jogo a que a secular imperfeição dos dominadores os forçou, menos como um desafio do que como uma exclusão. O negro, mesmo o desmaiado, deixou de ser escolhido: é agora ele a seleccionar os parceiros e os momentos. Veneram novas divindades. Já não são os mesmos.

... Alda, esta que trabalha na imaginação de Bernardes e mais ordena no barco, confia ainda na solidez do oiro, arrecadado a tempo. Confia, como? Na solidez dos mercados internacionais? Nas cotações em alta? Ou como dissuasor moral? Confia, sobretudo, no talento do oiro como chave do comércio das consciências, ciente da importância vinda de longa, implacável, memória. Memória de usura, de gestos e palavras comprados, de sangue derramado por sua causa. Confia na arte de com ele e por ele exigir aos de alma escrava obediência cega durante a viagem. A marido e grumetes atribui bitolas muito semelhantes na sua classificação em termos de mercadoria e de propriedade. A "ordem" do passado, quando dois mil braços lhe obedeciam no esbulho da mina e lhe depositavam o oiro em local na época tido por inexpugnável, julga ela poder continuar a exercê-lo impunemente. O mesmo olhar de lince pelas guaritas da fortificação guardadas por carabinas brancas manejadas por negros de espírito igualmente branco; vagonetas circulando entre o armazém reduto e os porões do navio; transferência de soberania mas não transferência de riqueza. Evadindo-se marido e grumetes – a nado dificilmente o conseguirão, diz ela de si para consigo, a costa ficará sempre suficientemente longe, embora saiba que para a gente determinada não há impossíveis – como lidar, a navegar sozinha, ou quase, com o poder, ainda que ao leme de um barco carregado de oiro maciço subtraído in extremis aos ventos da História? De que lhe servirá o oiro se não tiver alguém sobre quem consumar a autoridade que a posse dele estipula? Tranquilos, corteses, quatro homens lhe aceitarão as vilezas de centenas de anos de ruim festa, pensa ela, mas não, só poderá contar com o homem das máquinas, fiel toupeira não contaminada pela voltagem dos grandes ódios da coberta. O evadido, sentindo o apelo da revolução, acabará por atingir, a nado, a costa. Os grumetes atacarão a megera antes da América, depois do império ...

Morte à infância. Era uma velha que morava numa ilha e tinha um gato com os olhos cor de ervilha. Ao sarro de melancolia que avilta meu nome, sacrifica meu bem-estar, afunda meu casco na lama fácil de um mau verso – morte. À infância. À infâmia da infância. Ao tremoço em cartucho de papel de jornal, velha relha em comércio de pevide e amendoim torrado à porta do cine-teatro com as ervilhas do gato à coca de movimentos suspeitos. Morte à infância. Rangidos nas calhas que, puídas do rodar do trem, seguraram meu destino. Rangidos de mau agoiro. O trem que conheceu todas as imposturas de todos os catecismos e de todos os cancioneiros e todos os acidentes de percurso e todas as técnicas de agressão. Porque petiz ainda fora excluído e exclusão não é estado de graça mas ponto de mira de arma instalada em perpétua plataforma de tiro. Morte. Porque só a mastigar entulho se fez dia. Insulto à ria de ondulação limpa e azul. E a morder uma pétala de cravo um paneleiro, nesse ano do desmoronamento da Gibalta, me declarou seu amor na boleia através de Monsanto o que me levou a chorar a bom chorar porque o gajo me mexeu na picha e ameacei atirar-me do *Ford Prefect*, pelo que, à rasca, depôs-me na estação de Caxias sem consumar ideias extravagantes: além de larilas era, felizmente, cobarde. Morte à infância, dominada pelo cadáver do pai generoso e pela sombra tutelar do padrinho talaça que me "protegeu".

Aproximo-me da janela, escancaro-a, varro a rua deserta, ou quase, com o olhar, e distingo um vulto furtivo de mulher colado às paredes violando o estado de sítio. Alda, só pode ser ela, que de novo me procura. Falso. Deliro. Alda não me procuraria hoje, o seu dia V. Será então a jovem que, descalça, à testa da manifestação antiga, agitava o estandarte vermelho, sem insígnias, jovem de que conservo intacta a expressão de sã confiança na vitória final? Ou a leprosa com quem pretendi fazer amor? Chamo-a. A mulher vai interromper a viagem clandestina, subirá as escadas, aliviada, baterá à porta e, afinal, sempre é Alda, agarrar-me-ei a ela, sem acender a luz, pouco importa, quero-lhe tanto que tomo o desejo pela realidade, faremos amor e eu direi várias vezes o seu nome para que tudo fique claro no escuro, Alda, e ela dirá que não, que não se chama Alda, mas Fátima, que tinha estado a fornicar com um polícia até àquela hora e por isso não fora interceptada, que, enfim, era uma rameira batida na Rua do Loreto, dir-lhe-ei que doravante se chamará Alda, será um fio de luz, e eu serei o seu grumete mulato preferido, dirá que de maneira nenhuma, que até nem gosta de fazer gulosos a cabo-verdianos por terem as mocas muito avantajadas e preferia luz na casa para verificar se eu seria realmente escarumba, e que andava há uns três meses com uma feridinha na rata que não havia meio de sarar, enfim com ela era só desgraças e agora, para cúmulo, saía-lhe na rifa mais um tarado.

Vais-te escapulindo, Alda. Outra ou a autêntica, que importância tem? Compõe o *soutien*, assim parece, tanto quanto o permite a semiobscuridade. Não dá para mais recorte a penumbra, no apartamento. Passo. Continuo o jogo, mas passo. Precipitas-te para a porta. Suporto isso mal. Desces as escadas a lanços de dois. "És cabo-verdiano, és. Nem calculas o azar que tenho aos cabo-verdianos." Persigo-te. Estou nu. Todo nu. Recapitulando normas de castigo e de perdão, abro-me para a noite. O vulto difuso de um guarda, armado provavelmente até aos dentes, na mudez absoluta da rua. Lembro esta rua e o largo, inchados de campónios em luta que aqui tinham vindo solenemente explicar a criação do mundo. Mas deste livro incompleto, parco de estios, saturado de primaveras artificiais, se arredou a gesta do campo. É um livro de modesta cidade, de pequenos burgueses, de hesitantes, de psicopatas, de oportunistas cavilosos, de burocratas fingidores. De minidéspotas silenciosos. Odeio os déspotas. Odeio todos os déspotas. Por isso, os campónios, revejo-os de carabinas melancólicas nas mãos espiando a materialização da esperança – quem se recorda? Eles, a fé. Que seria deles sem uma boa crença? E a sua grande festa alagou a planície, voto antigo, enfim, Páscoa, Natal, estrela de candeia de magos acesa em louvor dos que acreditaram. Quem teve o sonho, argamassou-o e o envolveu na cantilena entredentes depois puxada a grito? Eles, pura gente. Perdoa, Alda, se em mim fala o sangue dos escravos da gleba, de onde provenho. Estou completamente nu. A nu. É um instante de verdade. Escapas-te. Alguém diz: "Alto!" – julgo. Um homem espera-te, de braços abertos. Ah! – É Salustiano Bernardes, o meu ousado trânsfuga da sempiterna catrineta. Atrás de mim, de novo, "Alto!" Abraçam-se. Não desisto – aquele herói é obra minha, criei-o para que me ajudasse, mas chegou atrasado. A revolução acabou. Posso destruí-lo e serás então completamente minha. Que frio! Vou eliminá-lo, tomarei o seu lugar e será a mim que abraçarás. Alda, minha querida, grande estupor.

Um tiro? Por quê? Para que alvo? De costas perfuradas, vacilo. Caio. Por quê, se nu, verdadeiro, estou? Sangue aberto, alastrando, lenta despedida. O herói que inventei nunca existiu. Nem sequer agora estou a sê-lo. É apenas um momento de pouca sorte. Alda dobrou a esquina, desapareceu. Não era Alda. Era uma puta sem categoria com uma feridinha na rata que não havia meio de sarar.

[S. João do Estoril, de outubro de 1975 a fevereiro de 1977]

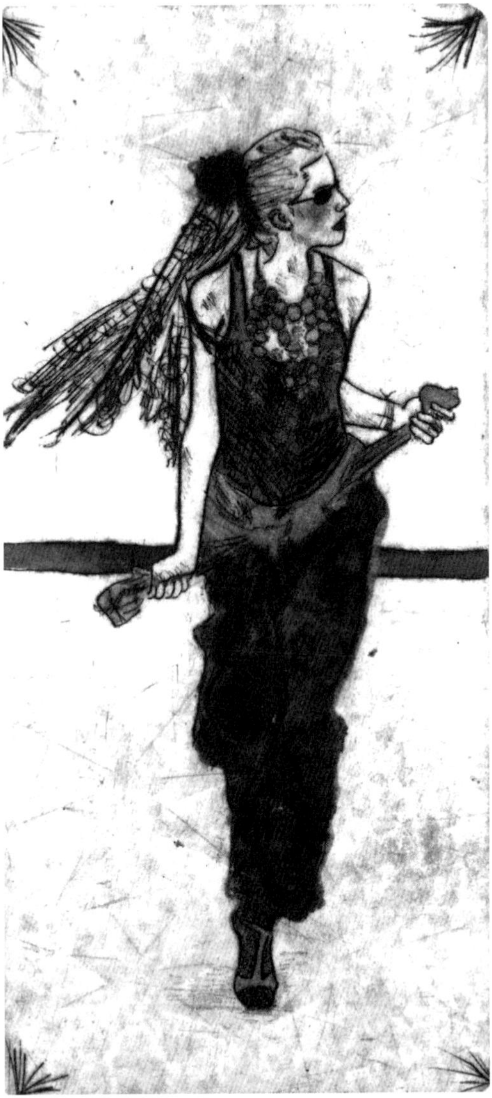

TEATRO
O Corno de Oiro

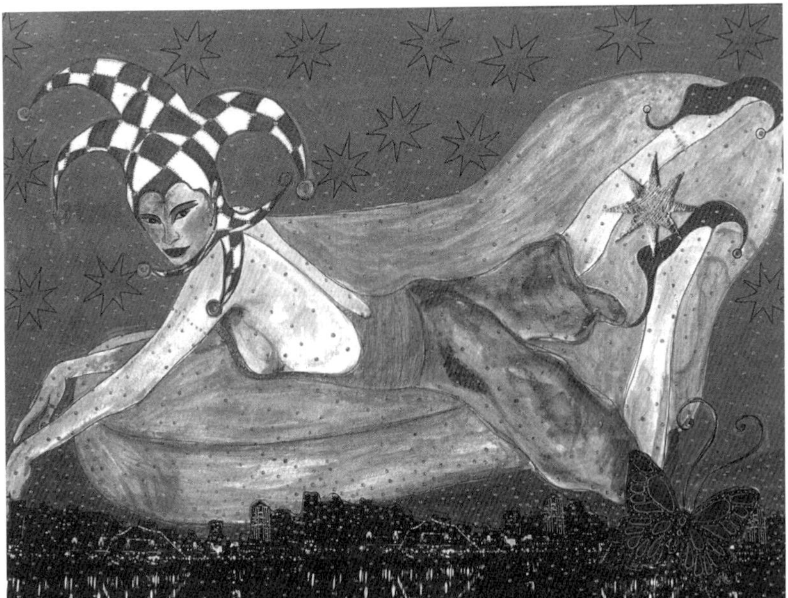

O Corno de Oiro

Comédia em três actos

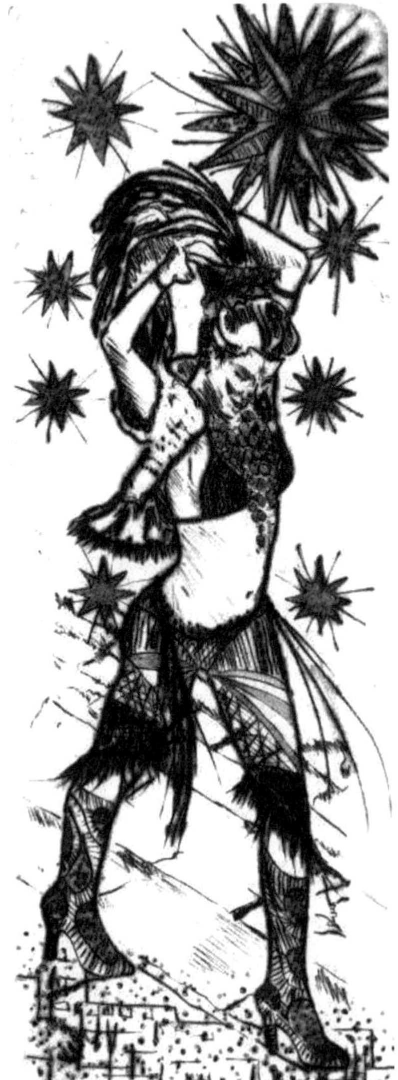

PERSONAGENS

Os Sete Magníficos

Alexei Alexandrovitch	Personagem de *Ana Karenina*
Bentinho	Personagem de *Dom Casmurro*
Carlos Bovary	Personagem de *Madame Bovary*
Clifford Chatterley	Personagem de *O Amante de Lady Chatterley*
Daniel Trigueiros	Personagem de *Resposta a Matilde*
Jorge Carvalho	Personagem de *O Primo Basílio*
Teodoro	Personagem de *Dona Flor e os Seus Dois Maridos*

Comité Executivo da I Convenção Literária da Personagem Comparada

Ema K.	Presidente
Eva	Operacional
Lolita	Operacional
Maria	Relações Públicas / Assistente
Rosa	Operacional

Outras

Ana Karenina	[em videoconferência]
Senhora Bolton	[acompanhante de Clifford Chatterley]
Presidente	
Recepcionista do hotel	
Assistentes	

1º ACTO

I CONVENÇÃO LITERÁRIA DA PERSONAGEM COMPARADA

Tema único: *O marido enganado*

1º dia: sexta-feira

LOCAL: *Lisboa, átrio do hotel* CONSTELAÇÃO, *quatro estrelas, relativamente moderno, zona da Recepção. Enfoque sobre o balcão da Recepção. Carlos Bovary dirige-se ao recepcionista. No átrio: alguns sofás, um placar anunciando a I Convenção Literária da Personagem Comparada com o tema único: O MARIDO ENGANADO. Organização: Movimento Feminista Global.*

Outros adereços: cartazes alusivos à Presidência Europeia, Cartazes dos Campeonatos Mundiais de Vela, um cartaz de propaganda a uma casa de fados, etc.

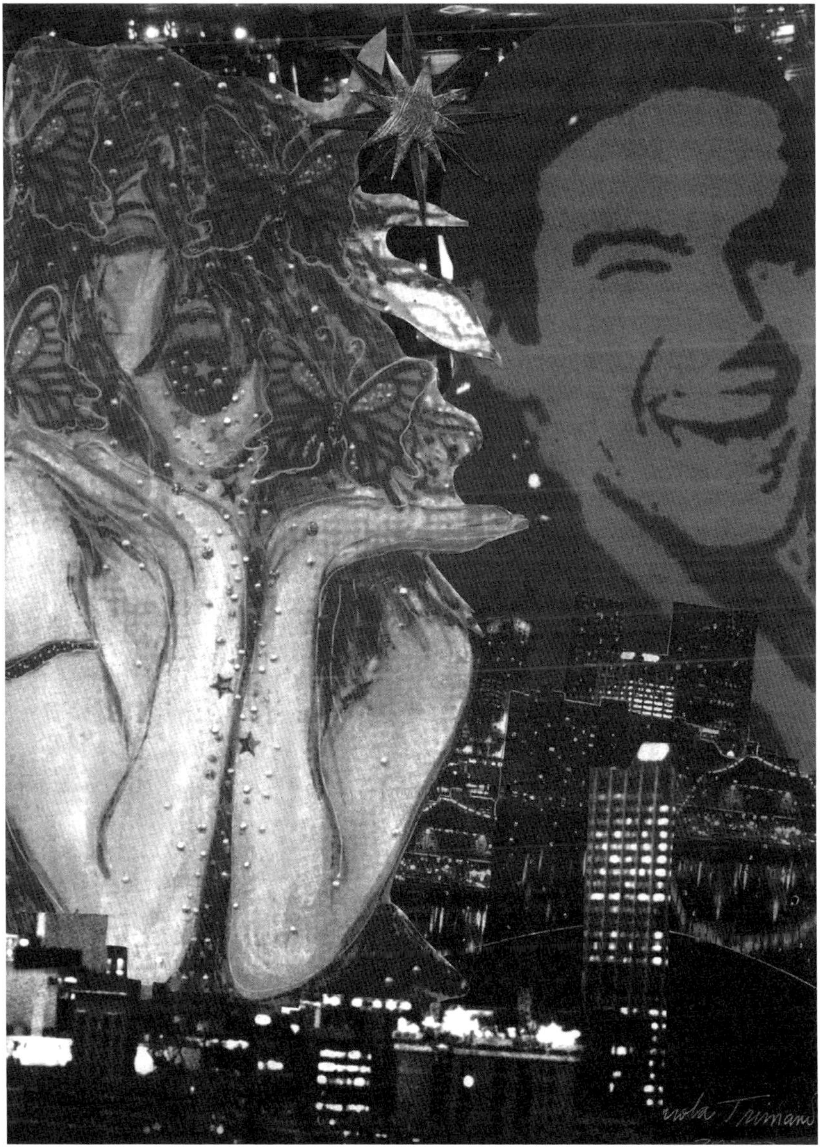

QUADRO I

Carlos Bovary
  Boa tarde! Venho para a Convenção da Literatura. Tenho reserva de quarto.

Recepcionista
  E o seu nome é...?

Carlos Bovary
  Charles. Charles Bovary.

Recepcionista (*alardeando desembaraço na consulta da lista nominal*)
  Bovary... Bovary... Deixe cá ver. Charles... Está difícil... Bovary. Encontrei. En-con-trei! Olaré! Oriundo de França. O-ri-un-do. Digamos Carlos, sim? À portuguesa. A sua identificação, por favor. A sua i-den-ti-fi-ca-ção.

Carlos Bovary
  Possuo apenas um bilhete de identidade caducado.

Recepcionista
  E entrou no país sem incómodo de maior?

Carlos Bovary
  Resido no espaço comunitário.

Recepcionista
  E depois?

Carlos Bovary
  Só viajo para países onde seja dispensado de apresentar passaporte.

Recepcionista
Bom, bem, não será tanto assim. Tem sempre de haver aquele mínimo, aquele papelinho que diz quem somos, de onde viemos e o que fazemos. É melhor andar sempre connosco.

Carlos Bovary
Ah, sim? E por alguma razão especial?

Recepcionista
A polícia de imigração. É muito zelosa: se apanha estrangeiro sem documento, põe-no a bordo de um avião e ala pra terra-mãe. É fresca, a polícia de imigração!

Carlos Bovary (*indignado*)
Não sou imigrante, sou congressista.

Recepcionista
Eu sei, eu sei.

Carlos Bovary
Sou um convidado de primeiro plano da Convenção que decorrerá neste hotel. Devia conhecer-me.

Recepcionista (*desculpando-se*)
Sabe, passa por aqui tanta gente. E gente tão grande que nem o senhor imagina. Gente do teatro, do cinema… O que temos para aí mais é gente fina.

Carlos Bovary (*meio ofendido*)
Só lhe queria dizer que a Convenção, sem mim, seria um fiasco.

Recepcionista (*entredentes*)
Gaba-te, cesto! *A Convenção dos Enfeitados*. (Em voz alta) Somos muito traquejados em Encontros como este.

Carlos Bovary
Mas ignora a existência de uma personagem importantíssima na história da literatura realista: eu.

Recepcionista (*falando por falar*)
 É que, como vem de França...

Carlos Bovary
 É preciso vir de algum lado. Pois se sou francês... É lógico.

Recepcionista (*sem saber que volta dar ao texto*)
 É de França que arribam os...

Carlos Bovary
 ... terroristas?

Recepcionista (*aliviado, aproveitando a deixa*)
 Esses!

Carlos Bovary (*inflectindo o tom de voz para o registo coloquial*)
 Colaborei, sim, colaborei, no meu tempo, em aventuras dignas de nota. Mas nada de parecido com o que se passa hoje no nosso martirizado planeta, *bien entendu*. O mundo mudou muito.

Recepcionista
 E para pior! (*curioso*) O senhor foi mesmo um subversivo?

Carlos Bovary
 Sim, fui. Por tabela, mas fui.

Recepcionista
 Desculpe o reparo: olhando para si, ninguém diria.

Carlos Bovary
 Ai não?

Recepcionista
 Um ar tão... pacato, tão...normal.

Carlos Bovary
 As aparências iludem, nunca lhe disseram?

Recepcionista
Já, já. E que nem tudo o que reluz é oiro. Também vem a propósito. E no que é que se envolveu, se não é indiscrição?

Carlos Bovary
Fui personagem de um romance, ao tempo considerado lesivo do pudor e dos bons costumes.

Recepcionista
Um romance, quê? Um *affaire*? Um livro?

Carlos Bovary
Um livro. Meteu tribunal, censura, o diabo. E nem sequer era eu o terrorista.

Recepcionista
Foi agarrado nalgum cambalacho de que depois não pôde cavar *à francesa*... Adivinhei?

Carlos Bovary
Mais ou menos. Enfiaram-me na estória, na estória fiquei. Era forçoso haver uma personagem daquelas. Fiquei.

Recepcionista
E desgostou.

Carlos Bovary
Certo.

Recepcionista
Lamento muito.

Carlos Bovary
Apesar disso a Convenção é também em minha honra. O que ontem foi subversivo, hoje é glorioso. Oh, as ironias da História, caro senhor, as ironias da História… A História é maldosa que se farta.

Recepcionista (*profissional*)
O seu bilhete de identidade caducado...

Carlos Bovary (*pressuroso, atrapalhando-se um pouco a procurar o documento na carteira*)
Aqui o tem.

Recepcionista
Como vem para a Convenção, passa. De outro modo convidá-lo-ia a procurar hotel. Somos muito picuinhas. Só quando se trata de congressos, cimeiras, reuniões de alto nível, fechamos os olhos.

Carlos Bovary
É o caso.

Recepcionista
É o caso. Ao senhor inscreveu-o a sua Federação. É-nos suficiente o documento fora de prazo. Basta-nos conferir o retrato. Como talvez saiba, este foi o Hotel escolhido pelo Comité Organizador da Convenção. Os vossos quartos estão reservados há meses.

Carlos Bovary
Por causa da época alta, *bien sûr*.

Recepcionista
Nem por isso. Julho é mês atípico. Os homens de negócios topo de gama lerpam da cidade como o diabo foge da cruz. E os turistas não os compensam. A Convenção jogou pelo seguro.

Carlos Bovary
Lisboa sempre é a capital, *cher monsieur*.

Recepcionista
Sem dúvida. Uma capital triste, mal arrumada, perigosa, é preciso acrescentar. Falta quem mande nela, quem tenha pulso nela. Anda à deriva, compreende?, à deriva.

Carlos Bovary
:   Os senhores exploram outros segmentos de mercado, certamente. Ou governam-se só com turistas, homens de negócios e um que outro congresso?

Recepcionista
:   Que ideia! Vamos a todas. Olhe: um dos nossos clientes-alvo é o futebolista. Pois também esse foi para longe: o defeso, as férias... O Futebol é um dos nossos pontos fortes. Temos pacotes imbatíveis para a tribo do desporto.

Carlos Bovary
:   O futebol? E eu a pensar que este hotel era *in*... Espero não me cruzar com futebolistas no elevador, no restaurante, na sauna...

Recepcionista
:   Futebolistas, é improvável. Gozam repimpadas férias nas Maldivas, nos Brasis, *and so on*. Agora dirigentes, intermediários, olheiros... É a época deles.

Carlos Bovary *(com estranheza)*
:   Olheiros?

Recepcionista
:   Descobridores de talentos.

Carlos Bovary
:   Ah! Olheiros... Descobridores de talentos... *(pausa)* Bom, *merci quand même* pelo aviso.

Recepcionista
:   De nada. Aqui tem o cartãozinho – caducado – mais um cartão *tout court* com o numerozinho do quarto, não vá esquecê-lo. É o 203. E a chave – outro cartão, com banda magnética, que também serve de interruptor (dá para acender as luzes todas de uma vez).

Carlos Bovary
(*Este me toma por parolo, tanta é a minúcia*). Em que piso é o quarto?

Recepcionista
Terceiro piso. Tem o elevador à sua direita. O rapaz leva-lhe a bagagem.

Carlos Bovary
Merci.

Recepcionista
Eu é que agradeço. O senhor?

(*Jorge aproxima-se do Balcão da Recepção, Carlos Bovary afasta-se lateralmente*)

Jorge
Jorge. Engenheiro. Engenheiro Jorge.

Recepcionista
Vem para a Convenção, claro.

Jorge (*de semblante subitamente alterado*)
Por quê? Nota-se? Diga lá: está escarrado na cara que venho para Convenção? É assim tão óbvio? Tão irremediavelmente visível?

Recepcionista (*meio enfadado*)
Prezado senhor, diga o seu apelido, por favor. Não brinquemos em serviço. Jorge, só Jorge, é escasso.

Jorge
Assim sou conhecido – e reconhecido – no universo culto. Estou para a Convenção, sem dúvida. Mas nunca pensei que se notasse a olho nu. Jorge Carvalho. Chamo-me Jorge Carvalho.

Recepcionista
Mantenha-se calmo. Aproxima-se a hora prevista para a chegada dos convidados especiais. Ora muito bem. Convenção… Jorge Carvalho…

Ora deixa cá ver onde pára este senhor… Ora… Encontrei! Quase no fim da página! Mas está cá, sim senhor, e é isso que importa.

Jorge
Nunca tive a mais pequena razão de queixa da Agência.

Recepcionista
Nem vai ter. A sua Agência continua impecável, iam lá esquecer-se de um nome.

Jorge
Costumam ser competentes.

Recepcionista
Digo-lhe, senhor engenheiro: trabalhamos com eles há anos, são uns profissionais de mão cheia, pode crer. Mesmo os jovens. Puseram muita gente antiga na rua mas antes disso garantiram a passagem do testemunho. Sabem fazer as coisas, é o que é. B. I.? Passaporte?

Jorge
Sou de cá.

Recepcionista
E isso dispensa a identificaçãozinha? Uma questão de princípio. Para nós, é uma questão de princípio, mesmo havendo reserva. A identificação.

Jorge
Aqui tem o B. I. Perpétuo.

Recepcionista
Oh, que bem-parecido. Bela fotografia. Tinha quantos, nesta altura?

Jorge
Veja a data de emissão.

Recepcionista
Ú, lá, lá. Foi há uma eternidade. Pois aqui tem a sua chavinha, que agora é um cartão de banda magnética para enfiar na ranhura da porta do

quarto. O 204. Terceiro piso, elevador à direita. Este cartão *tout court* lembrar-lhe-á o número, caso o esqueça. E muito boa estada.

Jorge
Papelada da Convenção, já há?

Recepcionista
No quarto encontrará alguns papéis, sim. Alguém o procurará para lhe facultar tudo o que necessite. Uma assistente.

Jorge (*de olhinhos a cintilar*)
Bonita?

Recepcionista
As agências costumam mandar para estes eventos "material" de primeira. Fique descansado. Confie em mim.

Jorge deixa o balcão da Recepção e fica próximo de Carlos Bovary.

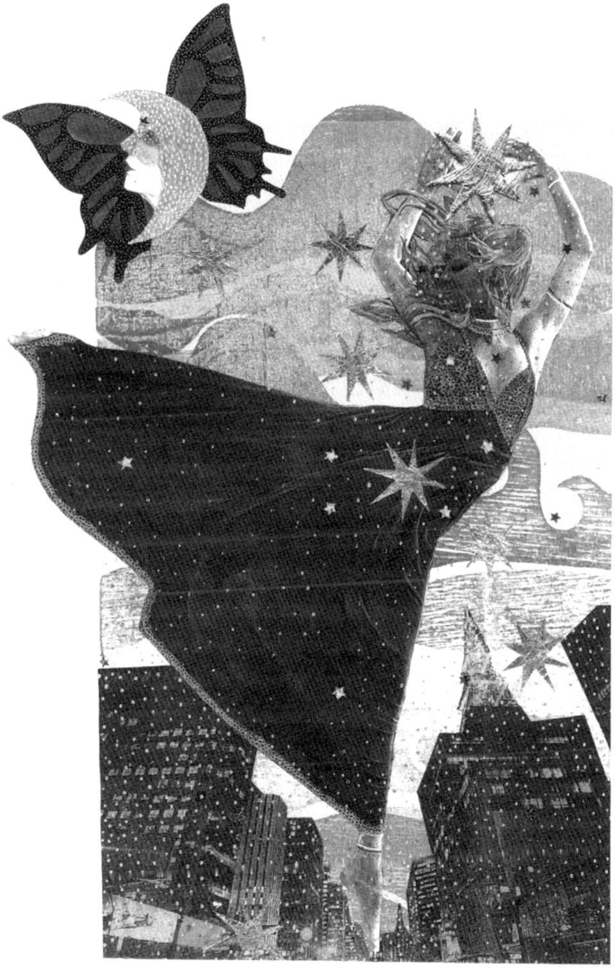

QUADRO II

Carlos Bovary
Ouvi o que disseste ao recepcionista. Serás tu o Jorge em que estou a pensar?

Jorge (*impante de vaidade por ser reconhecido*)
Calculo que sim. O do Eça. E tu o ...

Carlos Bovary
...Carlos Bovary.

Jorge (*cingindo os ombros de C. B.*)
Oh! Carlos. Deixa-me olhar para ti. Que encontro surpreendente. Que ocasião ímpar.

Carlos Bovary (*comovido*)
Jorge!...

Jorge
O que eu desejei conhecer-te pessoalmente, depois de te ler.

Carlos Bovary
E eu a ti.

Jorge (*desfazendo-se em elogios*)
És um gigante, homem, um gigante. É um prazer, acredita, é um enorme prazer dar-te um abraço. A ti, extraordinária personagem da literatura. Venha de lá esse abraço.

(*Abraçam-se*)

Carlos Bovary
Também pensei muito em ti, Jorge. Ainda há instantes conjecturava: será desta que vou conhecer o Jorge de *O Primo Basílio* em carne e osso (*salvo seja*)? E eis-nos aqui, meu par e amigo, nos braços um do outro em pleno século XXI. Um milagre.

Jorge
> Sabes o que penso dos milagres... E evita citar o Basílio, esse fala-barato detestável. Fico com arrepios e pele de galinha sempre que ouço esse nome.

Carlos Bovary
> Mas como deixar de falar no Basílio, se é o título do *teu* romance?

Jorge
> O trauma, Carlos, o trauma. Ainda cá mora.

Carlos Bovary
> Ah, o famoso trauma. Reage, homem. Já é tempo. Atira a dor de cor... Atira a dor para trás das costas. Faz como eu. Goza a vida, na medida do possível. Sê feliz. Dá a volta por cima.

Jorge
> É difícil, é muito difícil. Sou o contrário de ti. Ou seja: sou tudo menos a pessoa pacífica e cordata que tu és. Sou de diferente têmpera. Além do mais, houve um imprevisto.

Carlos Bovary
> Um imprevisto? E teve a ver contigo?

Jorge
> Claro! Senão por que te falaria dele? O problema é: o Eça voltou a estar na moda, em Portugal, muito por culpa do centenário da sua morte.

Carlos Bovary
> O centenário estragou tudo, se bem te percebo.

Jorge
> Uma rapaziada universitária que ganha a vida a comemorar centenários, excedeu-se e encheu-se.

Carlos Bovary
> É assim em toda a parte. Governam-se. Eu que o diga.

Jorge
Desenterraram todos os esqueletos. Convocaram os fantasmas para o baile. Disputaram entre si os pedaços do mito palmo a palmo, letra a letra, sentido a sentido. Um sufoco.

Carlos Bovary
Caramba!

Jorge
Pareciam leões esfaimados disputando à dentada a carne de uma presa recém-capturada. Um caos, só te digo. Um inferno.

Carlos Bovary
E agora com televisões, rádios, blogues...

Jorge
Um inferno, meu bom amigo, um verdadeiro inferno. Lembrar-me eu de que o filho do Eça, em 1928, se lamentava de o pai ser um escritor esquecido...

Carlos Bovary
Homem, muito me contas. Cuidava o *Basílio* morto e bem morto. (*Corrigindo o tiro*) Em termos de grande actualidade, claro.

Jorge (*ligeiramente abespinhado*)
O *Primo Basílio* tem o seu lugar na História.

Carlos Bovary
Sim, homem (Vês como tu próprio não consegues deixar de falar no Basílio?). Refiro-me ao circo mediático. Ao malhar incessante dos órgãos de comunicação social. Arvoram-se em condutores de opinião...

Jorge
E moralistas!

Carlos Bovary
... mas o seu padrão de excelência é o ruído.

Jorge
  Imagina o regresso à praça pública dos amores de Luísa com o primo.

Carlos Bovary
  Pobre Jorge. Como deves ter sofrido.

Jorge
  Sempre com os zombeteiros ao ataque! Sempre com a troça pública por horizonte! Que tormento, Carlos! Que suplício!

Carlos Bovary
  Compreendo-te e admiro-te. Coube-te ser estoico. Tu e o teu temperamentozinho, a tua noção do dever, a vontade de matar a sem-vergonha...

Jorge (*comovido*)
  És um amigão, Carlos.

Carlos Bovary
  Estou contigo, meu velho, estou incondicionalmente a teu lado.

Jorge
  Ainda bem, Carlos. É bom ouvir uma palavra amigável no momento justo. É bom a valer.

Carlos Bovary
  Viajamos na mesma barca. Entendo, como poucos, a tua revolta. O meu caso é... de outra galáxia.

Jorge (*recomposto da comoção*)
  O Flaubert não é flor que se cheire. Fez de ti gato-sapato.

Carlos Bovary
  Ainda me tratou pior do que a ti o Eça. E com uma desvantagem: *Madame Bovary* nunca deixou de estar na moda – em França e no mundo.

Jorge
  Foi massacre atrás de massacre, calculo.

Carlos Bovary
    E calculas bem! Teses e mais teses. Sobre o escritor, sobre cada uma das personagens, sobre os costumes da época, sobre o processo, sei lá.

Jorge (*devolvendo o lamento*)
    Pobre Carlos!

Carlos Bovary
    Descarnaram tudo, tudo.

Jorge
    Da fama não te livras.

Carlos Bovary
    Estou em DVD, nas televisões, no *Google*, em toda a parte. Oh, Oh, meu caro Jorge. Sabes lá o que é a fama a sério, a fama adulta, à escala planetária. Sabes lá!

Jorge (*dissimulando alguma inveja*)
    No teu caso… a má-fama.

Carlos Bovary
    Seja, a má-fama. Sempre a deitarem abaixo o pobre Carlos Bovary, sempre a denegri-lo.

Jorge
    Século após século.

Carlos Bovary
    Século após século. Sem um instante de trégua.

Jorge
    Com a tua bonomia, lá vais aguentando a coisa.

Carlos Bovary
    Claro que tenho de encarar este fado com bonomia, alguma maleabilidade, pragmatismo.

Jorge
   Mas custa…

Carlos Bovary
   A ti custou mais do que a mim. Com o passar do tempo, fui digerindo a mágoa. Aceito a vida como ela é. Só precisaria, por vezes, de um pouco de paz. No mais...

Jorge
   Culpa o Gustavo. Um artistão. Retorcido, o sacrista.

Carlos Bovary
   Olha que o Eça era cá uma prenda…

Jorge (*marcando distâncias*)
   O Eça, em todo o caso, poupou-me.

Carlos Bovary
   Lá isso é verdade.

Jorge
   Atirou-me para o Alentejo. (*sarcástico*) Despachou o empecilho para o Alentejo.

Carlos Bovary
   Apagou-te.

Jorge
   Desfez-se dele enquanto madame Luísa se divertia à beça com o primo na alfurja do *Paraíso*. Apareci pouco. Apoquentei-me só no último terço do livro.

Carlos Bovary (*levemente venenoso*)
   Para te ser franco: o Eça, aí, facilitou. Por um lado, deves-lhe gratidão: livrou-te de torturas escusadas. Por outro, fez de ti uma personagem menor, sem densidade romanesca… Um pequeno sofredor…

Jorge (*levantando a voz, ferido na importância que julga ser a sua*)
   ... sendo eu fulcral na intriga. Peça indispensável na trama. Sem mim haveria romance, por acaso? Rebaixou-me. Mauzinho!

Carlos Bovary (*contemporizando*)
   Apoucou-te sem te apoucar. Melhor dizendo: ao apoucar-te, protegeu-te. Quanto mais intensa fosse a tua presença no livro, mais pela lama te arrastava.

Jorge
   Sim, talvez... Ora deixa cá ver... sim, não vou contra isso.

Carlos Bovary
   Expulsou-te para longe do centro dos *acontecimentos*, salvando-te da humilhação de seres "armado cavaleiro" nas tuas próprias barbas.

Jorge
   Assim foi.

Carlos Bovary
   Resumindo e concluindo: a tua ausência, por motivos profissionais, do local onde tudo se passou, livrou-te da acusação de cobrires defeituosamente a tua fogosa esposa. Agradece ao Eça.

Jorge
   Até porque no Alentejo...

Carlos Bovary
   Eu sei, eu sei. Se a memória me é fiel, deste um ar da tua graça, levando ao castigo algumas matronas alentejanas. Correu que fizeste constar.

Jorge (*com veemência*)
   Qual fiz constar? Desabafei com um amigo. É crime confiar a um amigo uma aventura, um ou dois *flirts* insignificantes?

Carlos Bovary
   Devias ter-te precavido. Quando há apuramento de responsabilidades, tudo acresce. Qualquer micro-história mais ou menos secreta, mais ou menos insossa, incha até à desmesura.

Jorge
    Jamais esperei dele tamanho estenderete. Não lhe pedi confidencialidade, bem sei. Quem o mandou ir badalar para onde não devia?

Carlos Bovary
    Ante a evidência da traição da tua mulher, acudiu-te o ímpeto de mandares a adúltera desta para melhor.

Jorge
    Foi por um triz.

Carlos Bovary
    O Eça aí esteve bem. Tratava-se de lavar a honra ultrajada com sangue e ninguém te censuraria se tivesses chegado a vias de facto. Pois logo a seguir, à Luísa deu-lhe o chilique e sobreveio a doença que a levou à morte...

Jorge
    Tive pena dela, foi o que foi.

Carlos Bovary
    Então havias de fazer o quê, senão ter pena dela? No estado em que a mulher ficou? És algum brutamontes, algum marido siciliano?

Jorge
    Lá que me apeteceu...

Carlos Bovary
    Tu, um engenheiro com tanto *pedigree*! Concordai aí o Eça voltou a facilitar. A sucessão atabalhoada de reacções díspares, além de te quebrar o brio, desorientou-te.

Jorge
    Não digo que não.

Carlos Bovary (*assertivo*)
    O Eça aí atafulhou. Tem lá santa paciência. Atafulhou. Sem necessidade.

Jorge
 É a tua leitura.

Carlos Bovary
 Ai é a minha leitura? Então toma lá o resto da minha leitura: depois da magistral revelação de uma Juliana chantagista, era de aguardar um final menos apressado, mais apaladado, ou, como agora se diz, mais elaborado.

Jorge
 E daí?

Carlos Bovary
 Na construção da Juliana o teu Eça foi genial, na solução encontrada para remate do principal enredo quedou-se pela mediania. Melindro-te?

Jorge
 Qual quê, homem! Subestimas o meu poder de encaixe. Enfim, salvou-se a Juliana, essa figura da galeria de notáveis da nossa literatura.

Carlos Bovary
 Honra ao vosso António Sérgio, que alcançou longe.

Jorge (*entusiasmado*)
 Ele o escreveu: é ela, a serva, a grande personagem do romance. Qual Conselheiro Acácio, qual Primo Basílio, qual Luiza, qual… Jorge! É ela, aquele hino ao ressentimento, aquele ódio amassado, todo interior, aquela ressaca vingativa, a grande criação humana no texto. Isso, digamos, conforta-me.

Carlos Bovary (*admirado*)
 Conforta-te? A sério?

Jorge
 Sinto-me menos desamparado, sabendo que outros com maior apetite por glória claudicaram no cotejo com a criada.

Carlos Bovary (*mordaz*)
 Levaste o prémio de consolação.

Jorge (*desconfiado*)
Insinuas que o *meu* Eça aprendeu mal a lição do *teu* Flaubert?

Carlos Bovary
Amigo: de um livro falamos, ou de dois livros, se quiseres, não das obras dos nossos autores. Falamos de nós próprios. Alguém no *teu* livro te alcunha de boi manso. Ora tu és um toiro bravo.

Jorge
De manso tenho pouco. Com efeito.

Carlos Bovary
Eu, sim, sou manso. Nunca fui expatriado da narrativa. Andei sempre por ali às voltas, a rondar o chiqueiro, ceguinho de todo. Sem jamais me aperceber da teia que me apanhava.

Jorge
E logo tu, um médico!

Carlos Bovary
E logo eu, um médico. Onde parava o meu olho clínico, dir-me-ás? Onde se escondera o meu olho clínico ao ponto de não *ver* a ponta de um corno?

Jorge
Tem graça. A certa altura cheguei a pensar que suspeitavas de algo. Que o amor por Ema te turvava por completo os pensamentos levando-te a fazeres voto de silêncio para levares a água ao teu moinho pelas mansas.

Carlos Bovary
Olha que não, olha que não!

Jorge
Cheguei a imaginar-te "por dentro" do que se passava. Caladinho que nem um rato. Assim o escândalo não estalaria e conservarias a bem-amada à mão, debaixo de telha. Contigo bem acomodadinho no papel do corno que corneia o amante.

Carlos Bovary (*meditativo*)
Até era saboroso, sim senhor.

Jorge
É uma filosofia de vida para situações extremas que às vezes resulta. Pois bem: suspeitasses ou não, o Flaubert fez de ti um mole. Um frouxo.

Carlos Bovary
Que mais queres que te diga? É a verdade.

Jorge
Falhaste no amor, falhaste na profissão, esmagou-te com um problema de dinheiro. Arrasou-te, o amigo da onça. E ainda o defendes.

Carlos Bovary (*agastado, tentando um desvio na conversa*)
Alto lá! Aí, páras. É o *meu* autor, por muito que doa. Lá porque fez de mim um cretino, isso não quer dizer que lhe não louve o mérito. É um escritor admirável. O *teu* Eça fartou-se de *beber* no *meu* Flaubert.

Jorge
Ora, Ora, Carlos... Conta-me dessas. Acaso o *teu* Flaubert não foi *beber* a outros? Não era o Eça epígono confesso de Flaubert e de Balzac?

Carlos Bovary
Sim, mas excedeu-se. Para ser totalmente franco contigo, parece-me improvável um *Basílio* sem influências de *Bovary*.

Jorge
Porém, muito hábil, Eça baralhou e voltou a dar.

Carlos Bovary (*prosseguindo no seu raciocínio*)
Lá aparece o toque anticlerical, lá aparece a pecadora vencida pela doença, lá aparece o sedutor com quem a dita cuja quer fugir, lá aparece o *coupé* a lembrar o *fiacre*, lá aparece a carta roubada ou extraviada, ainda que noutros contextos, noutras situações, noutros apuros. Pronto: nota-se que ele *bebeu* em Flaubert.

Jorge (*rindo, mordaz*)
>E o Flaubert, diz-me cá, onde *bebeu* ele? O processo revela tudo. Bebeu no Merimé, imitou Bousset e Massillon – *imitou*, não *plagiou*.

Carlos Bovary (*na defensiva*)
>Todas as armas eram legítimas para convencer o juiz da sua inocência.

Jorge
>Bem se desunhou o causídico Sénard a separar a noção de *plágio* da noção de *imitação*. Flaubert *só* imitou. O advogado de defesa, para o safar, bem lhe destapou a careca ao mencionar as "fontes", preto no branco.

Carlos Bovary (*arrependido de ter chegado tão longe na defesa do seu autor, tenta arrepiar caminho*)
>Não desmereço do Eça. Um tipo habilidoso. Muito habilidoso, mesmo.

Jorge
>Francamente, tiro-lhe o chapéu. Por muitas razões de queixa que eu tenha dele, tiro-lhe o chapéu. Até lhe fico agradecido por não ter feito de mim um Carlos Bovary. *Chapeau*. Já viste quem ali vem, na cadeira de rodas empurrada pela velha senhora de carrapito?

Carlos Bovary
>…Clifford Chatterley. Naquela geringonça e com aquela senhora de farda vitoriana e o seu inconfundível carrapito, aquela pose hirta mas sobranceira dos ingleses, só pode ser ele.

Jorge
>O queixo escanhoado...

Carlos Bovary
>O clássico príncipe de gales...

Jorge
>As botas escrupulosamente engraxadas…

Carlos Bovary
>Ei, Clifford Chatterley…

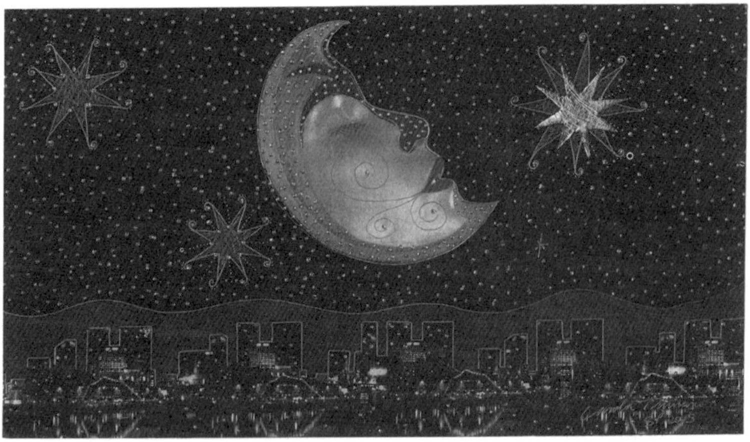

QUADRO III

A cena decorre num espaço do átrio do hotel nas proximidades da Recepção mas ainda assim suficientemente afastado do Recepcionista para garantir a autonomia deste.

Clifford
   Sim, sou eu. Quem me chama?

Carlos Bovary
   O Carlos, de *Madame Bovary*.

Jorge
   O Jorge, de *O Primo Basílio*.

(*A senhora Bolton deixa Clifford, na cadeira de rodas, junto dos seus pares e dirige-se lentamente à Recepção onde, atrás de um casal, aguarda a sua vez de ser atendida*)

Clifford (*contente*)
   Oh, ilustres personagens! Chegai-vos até mim para que vos abrace. (*Abraçam-se*) O que eu tenho lido e ouvido sobre ambos. Sempre na berra, vocês. E eu deserto por falar de literatura com alguém.

Jorge (*com fumos de anfitrião*)
   Então é este o lugar próprio. Nesta altura não há melhor, em Lisboa, para se falar de literatura. É Verão, é Julho, meia cidade parou.

Clifford (*prosapioso*)
   Por pouco não vinha à Convenção. Por orgulho. Pareceu-me que o meu perfil encaixava mal nas exigências do Regulamento. Por fim, lá me dei à maçada de fazer a viagem.

Carlos Bovary
   E apareceste.

Clifford
Reconsiderei. Disse para comigo: homem, vai a Lisboa, goza o sol, passa lá o filme, lembram-se de ti. Avança, atreve-te. Convidarem-te já foi uma vitória. Há centenas e centenas de enfeitados na literatura e tu foste um dos sete magníficos escolhidos para a comissão de honra.

Jorge
Figurares no lote restrito dos sete magníficos, já é um feito.

Carlos Bovary
E que feito!

Clifford
Pensei melhor: além do mais privarás ao vivo com vultos que só conheces da letra impressa. E falarás de literatura, passarás o tempo a falar e a ouvir falar de literatura. Decide-te, mostra a tua raça.

Jorge
E passaste à acção. Meteste-te a caminho. Decidiste-te!

Clifford
Decidi-me. Eis-me, pois, em Lisboa. E logo à chegada, convosco. A coisa promete.

Carlos Bovary
E cá estão! Tu e a tua senhora Bolton. Inseparáveis.

Clifford
(*Lamentando-se da sua deficiência motora*)
Que querem? O Lawrence cortou-me as pernas, senhores, cortou-me as pernas. Quem me dera a vossa sorte. Giram por aí, lépidos, sem problemas de locomoção. Esse peso na cabeça é mais virtual que real. Deve embaraçar-vos pouco.

Carlos Bovary (*constrito*)
Ainda nos embaraça um pedaço. Continua a fazer a sua mossa. Suporta-se.

Jorge
>Nunca me revi na pele do enganado. Nunca. E já lá vai um século. Mais uns pózitos.

Clifford
>O que eu não daria para ter sido um enganado normal, com pernas normais para caçar o guarda-caça maldito. O bom do Lawrence teria logrado obra maior caso me tivesse conservado as pernas. Assim, saiu-lhe um romance coxo. É consensual no mundo das Letras: *O amante de Lady Chatterley* é um dos seus piores livros.

Carlos Bovary
>Embora seja um dos mais picantes de todos os tempos.

Jorge (*em aparte*)
>Um inglês a denegrir o que é seu. Até parece português.

O foco de luz desloca-se para a senhora Bolton.

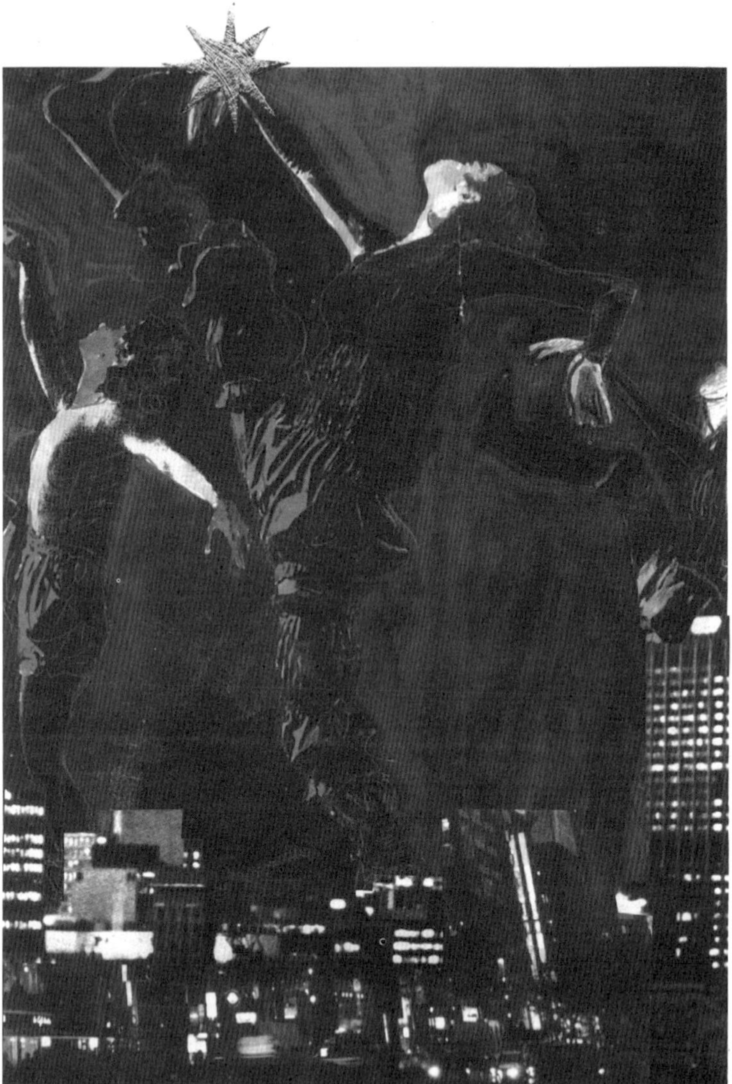

QUADRO IV

Senhora Bolton (*para o recepcionista*)
Sir Clifford não está habituado a formalidades muito severas.

Recepcionista
Sim, mas nesta casa...

Senhora Bolton (*sem o deixar acabar*)
É um *vip*, uma figura de renome universal.

Recepcionista
Então veio para o hotel certo. *Vip's* é connosco. (*Olha outro famoso desconhecido*).

Senhora Bolton
Onde quer que assome, é sempre acolhido com entusiasmo e festa. Espero que este hotel não constitua excepção.

Recepcionista (*de pé atrás*)
Isso aí... Calma! Vamos por partes. Nesta casa há regras. (*galhofeiro*) Ena, ena! Já traz os passaportes na mão e tudo. Mais fácil ainda. Nem pergunto se vêm para a Convenção (*aparte: a Convenção dos maridos atravessados*). Ora deixa cá ver. Aqui está! Clifford Chatterley. Quartos 510 e 511 com comunicação interior, ascensor à direita, o rapaz leva as malas aos quartos. Tem aqui dois cartõezinhos...

Senhora Bolton (*imperial*)
Dê-mos cá. Conheço a lenga-lenga. Poupe o seu latim comigo.

Recepcionista (*escarninho*)
Só me esforço por ser prestável. Como são clientes do princípio do século passado ou até antes, lidar convosco é muito complicado. E o piso? Qual é o piso?

Senhora Bolton (*contendo a ira*)
 Estou à espera que mo indique.

Recepcionista (*sarcástico*)
 Ora vê, ora vê! Afinal só sabia da missa a metade. É o quinto.

A senhora Bolton, ar altivo, não reage e vai sentar-se discretamente num sofá, onde fica à espera que Clifford acabe a conversa com os seus "pares".

Animar o espaço – enquanto as três personagens trocam impressões – com a passagem pela Recepção de tipos exóticos: gordos, palhaços, provincianos em excursão, contrariando a ideia feita de se estar num hotel "in". Segmentar o tempo de permanência destes grupos, cuja presença deverá ser puramente mimética, com seus trajes bizarros e gestualidade chocante. Motoristas de táxi em busca dos seus clientes. Funcionários do hotel, fardados ou não: *grooms*, empregados de mesa – figuras aleatórias ligadas ao ramo.

QUADRO V

Carlos Bovary (*para Clifford Chatterley*)
    O Lawrence não te gramava nem com caldos de farinha. Tens companhia, se te serve de alívio.

Jorge
    Quando reparámos em ti, passávamos a pente fino as injustiças de que fomos vítimas por parte dos nossos autores.

Clifford
    Éramos-lhes necessários e lucrativos. Fomos trabalhados para que tirassem proveito da nossa futilidade existencial. Triunfaram.

Jorge (*corroborando*)
    O lado pardo das nossas vidas foi-lhes utilíssimo para fazerem ressaltar o *glamour* e a desenvoltura das estrelas.

Clifford
    Diz-me, bom Carlos: achas mesmo que o Lawrence tinha ciúmes de mim?

Carlos Bovary (*peremptório*)
    Afirmativo. E acrescento: ciúmes de classe. Começou por te dar uma lição: cortou-te pela cintura, quebrando-te a varonia onde ela é mais prestigiada.

Clifford
    Bem, bem...

Carlos Bovary (*implacável*)
    Depois te ultrajou, ao encaminhar a tua mulher para a cabana do guarda-caça, onde ele e ela fizeram amor no chão.

Clifford
É um imbróglio de que não me orgulho particularmente, embora nada tenha contribuído para ele.

Carlos Bovary (*massacrante*)
Sempre contribuíste um bocadinho. Facilitaste o duplicado da chave à pecadora. Verdade ou mentira? Diz lá.

Clifford
Mentira, claro. Toda a gente sabe que foi o guarda-caça quem arranjou o duplicado da chave à Connie. Andas um pouco desmemoriado, Carlos. Já baralhas as coisas. Eu limitei-me a facilitar as visitas da minha mulher à cabana. De boa fé, senhores, de boa fé. Queria que ela se distraísse, que espairecesse.

Carlos Bovary (*ignorando o remoque*)
Tens razão. É isso mesmo. E ela fez-te a vontade. Espaireceu à grande. Com um guarda-caça, Chatterley! No chão de tábuas de uma cabana, querido *Sir*!

Jorge
Um escritor comunista não faria melhor, para amochar a classe possidente.

Carlos Bovary
Sou antes levado a admitir um ajuste de contas de origem remota. Agravo na adolescência, agressão na infância...

Jorge
E por que não, se era filho de um mineiro bêbado e de uma professora primária a quem o marido agredia?

Carlos Bovary
Manifesta em prosas várias um amor assolapado à mãe. Sintomático. Quem sabe se foste a vítima involuntária desse contencioso doméstico.

Jorge
Tipo complexo de Édipo, não?

Carlos Bovary (*sobranceiro, desvalorizando a dica*)
    Pois, pois. Fenómeno mais que estudado pelo bom do Freud e seus muchachos. Esse viu tudo, disse tudo.

Clifford
    E porque teria de ser eu a pagar essa factura? Continuam a ser para mim um mistério as causas do seu despeito. Por que eu?

Carlos Bovary
    O teu porte de grande proprietário, um *baronet*.

Jorge
    A tua postura de homem culturalmente superior.

Carlos Bovary
    A tua severidade contida.

Jorge
    O teu desdém pelos seres inferiores: os criados, os mineiros.

Clifford
    Adiante, adiante…

Carlos Bovary
    Quanto a mim, cometeu erros gravíssimos.

Clifford (*expectante*)
    Como assim?

Carlos Bovary
    Deitou-te a mulher debaixo do guarda-caça. Horrível infracção de classe, com que pretendia, talvez, punir-te, mas punir também toda uma hierarquia decadente de que constituías o símbolo mais a jeito.

Jorge
    Aliás, o livro tem uma fortíssima conotação social.

Clifford
  É inquestionável.

Carlos Bovary
  E depois o homem estava contra o seu tempo, abominava a sociedade em que crescera. E as ideias socialistas começavam a alastrar, a alastrar. Numa questão básica, estatelou-se ao comprido.

Clifford
  Ai sim? Onde se espalhou ele?

Carlos Bovary
  Eras, à partida, um mutilado de guerra. Um herói. Certo?

Clifford
  Certo.

Carlos Bovary
  O ónus do adultério recairia exclusivamente sobre a pecadora. Ninguém te pediria responsabilidades por não teres dado o que não tinhas para dar. Que, aliás, doaras generosamente à nação.

Clifford (*precisando*)
  À nação inglesa.

Carlos Bovary
  Seja: à nação inglesa. A improvável abstinência sexual de *Connie* Chatterley foi um dado que, desde cedo, se revelou de uma previsibilidade total. O guarda-caça andava mesmo a pedi-las mas ao marido desfeiteado tolhia-o a impossibilidade física de retaliar. E aí tramaste o Lawrence.

Clifford (*entre alarmado e divertido*)
  Ai tramei? Tramei o Lawrence? Eu? Oh, oh! Essa nunca me tinha ocorrido. Tramar o Lawrence... Boa!

Carlos Bovary
: Indirectamente. Porque tu tirarias desforço do couteiro, se pudesses, embora não te importasses que Connie emprenhasse de um da tua categoria social. O estrago físico irreversível absolveu-te do ácido rancor à arraia miúda. Como que desvalorizou o lado escuro do teu carácter.

Jorge (*completando, com acinte*)
: Os modos com que tratavas a gente inferior que te servia.

Clifford (*determinado, para Jorge*)
: Meu caro, aí, nada a fazer. É matéria em que não cedo um milímetro. Dono é dono, criado é criado, escravo é escravo. Sempre assim foi e sempre assim será.

Carlos Bovary
: É óbvio que Lawrence pretendeu dar ao mundo uma lição de justiça social à tua custa e à custa da tua bela esposa, utilizando o guarda-caça como instrumento desse edificante propósito.

Clifford
: Concordo contigo. Parece que se saiu mal. O futuro deu-me razão.

Carlos Bovary
: E sabes por quê? Porque tu eras o eterno aleijado, o inadaptado de sempre para sempre. A vítima completa. A tais vítimas, isto é, àquelas cujo *handicap* físico é dissuasor da culpa, os deuses protegem-nas e perdoam-lhes de antemão.

Jorge
: Os deuses são uns tipos patuscos.

Carlos Bovary
: Lawrence descurou este particular e o romance foi um relativo *flop* como fábula política. Esqueceu-se de que os leitores acabariam por sentir piedade de ti, atribuindo o teu mau carácter à tua mutilação. Salvou-o parcialmente o jogo erótico.

Clifford
Pois sim. Pensando melhor...

Jorge (*entusiasmado*)
Bem observado, Carlos, muito bem observado. O jogo erótico. E que jogo!

Clifford
Espanta-me a tua agudeza de análise, Carlos. Nunca encarei a coisa por semelhante prisma.

Jorge (*procurando ter graça*)
É à francesa.

Clifford
Sim, estes franceses sabem-na de fio a pavio. Têm todos os defeitos menos um: são de uma agilidade intelectual à prova de bala. Se eles até tramaram, sem querer, o Lawrence...

Carlos Bovary (*espantadíssimo*)
Como assim?

Clifford
Quis escrever um romance de adultério que não fosse *à francesa* e olhem o que saiu: uma *latrina,* como lhe chamou um crítico, meu compatriota, indignado com o que entendeu ser o seu cariz pornográfico. Sem ofensa, Carlos. (*risos*)

Carlos Bovary
Nada me ofende, Clifford. Sou um mansarrão, é dos livros. Ainda há bocado, antes da tua chegada, dissecávamos o tema. Eu e o Jorge coincidimos em vários pontos.

Jorge
Num ou noutro discordámos.

Carlos Bovary
Tranquilamente, como amigos que somos.

Clifford
Por isso hesitei em deslocar-me a Lisboa. Às tantas assaltou-me a ideia de que borrava este cenário. E tu, agora, deixaste-me a ver claro.

Carlos Bovary
Ainda bem que sirvo para alguma coisa.

Clifford
Na verdade, sempre encarei a satisfação sexual da Connie como algo de inevitável. Que me ultrapassava.

Carlos Bovary
Excepto quando ela quis um filho.

Clifford
Quando ela me propôs dar-me um filho de outro – puseste o dedo na ferida muito a propósito – exigi simplesmente que o "meu filho" fosse portador das qualidades genéticas dos da minha classe social. Exagerei, porventura?

Carlos Bovary
Claro que exageraste. Arranjos desses quase nunca são talhados à medida dos nossos desejos.

Clifford
Por favor. Era um ajuste razoável. Transigi até ao limite do possível para manter Connie junto de mim, sem perder a face.

Jorge
Talvez berbicachos como traição, adultério, vingança, cartas roubadas e perdidas, fossem-te por assim dizer estranhos. Por uma questão de educação, de preconceito de classe, que sei eu. Para ti, ocupares-te desse tipo de coisas era descer muito baixo.

Clifford (*procurando pôr fim a uma conversa que começava a desagradar-lhe*)
Sinto-me a milhas do perfil clássico do marido enganado. Considero-me a marioneta usada num romance social em que arquei com o odioso da minha condição. Matéria em que não cedi um nico, alto aí!

Carlos Bovary
É bom ser-se coerente, sobretudo quando os ventos sopram contra. E tiveste coragem para vires desanuviar a Portugal. Só te faz bem.

Clifford
Pois aqui estou. A mudar de ares. Como um simples "mortal" em férias.

Jorge
Pena que a cidade se encontre mudada. Mantém, é certo, a sua fascinante patine decadente de capital do antigo império. Em muitos recantos, é ainda a Lisboa do meu tempo.

Clifford
Gosto de Lisboa, da sua luminosidade, da sua fotogenia. E havia a curiosidade em conhecer-vos.

Jorge (*com senso prático*)
E, depois, uma comissão de honra sempre é uma comissão de honra: tudo pago, hotel confortável, tratamento *vip*... Diz lá que estas benesses são de desprezar, mesmo sendo uma personagem... intemporal a desfrutá-las.

Clifford
E também era a altura de proporcionar mais uma viagem à minha dedicada Bolton, a quem devo desvelos sem conta ao longo de todos estes anos. É o que a pobre coitada leva da vida: umas passeatas, sempre a arrastar este chato. Olhem, as coisas conjugaram-se. E ousámos.

Maria atravessa o átrio do hotel em passada desenvolta e junta-se ao trio.

Maria (*interrompendo jovialmente a conversa*)
Permitam-me que me apresente. Chamo-me Maria e serei o vosso anjo da guarda durante os três dias da Convenção. Da Recepção telefonaram-me informando que tinham chegado. Logo três membros da Comissão de Honra de uma assentada: Carlos, Jorge, Chatterley. Boa!

Carlos Bovary
E a sua graça é só Maria? Não tem apelido?

Jorge
Simplesmente Maria?

Maria
Simplesmente Maria. Para quem é, bacalhau bas... Estava a pensar num filme português antigo, imaginem. Mas esse é de diferente área cultural. Desculpem.

Clifford
Pois, Maria, por esta vez está desculpada. Agora seja boa para nós. Surpreenda-nos.

Maria
Ia eu a dizer... Faltam quatro, não devem tardar. Fomos buscar três deles. Não prescindiram, como Carlos Bovary e Sir Clifford, de ter gente nossa no aeroporto, quando pusessem o pé em solo lisboeta.

Carlos Bovary (*chasqueando*)
Conhecemos bem Lisboa, eu e Sir Clifford. Dispensámos a escolta. Somos personagens... intemporais, basta-nos simplesmente... aparecer. Por mim, cheguei mais cedo, deu para ter uma conversa curiosa com o recepcionista.

Maria
Muito bom homem.

Carlos Bovary
   Também me deu essa impressão. Um pouco chão de ideias, é verdade. E pode exigir-se mais a alguém que passa o melhor da vida atrás daquele balcão?

Maria
   A organização providenciou para os trazer em voos cuja hora de chegada fosse aproximadamente a mesma. Há sempre atrasos nos aviões mas tanto quanto sabemos os de hoje são mínimos.

Jorge
   Jantamos a que horas?

Maria
   Agora vão descansar um pouco, o jantar será servido nos quartos. Às nove, descem para uma sessão de boas-vindas na Sala *Equador*, neste piso térreo. Recebê-los-á a Presidente do Comité Organizador, Ema Constance Luísa Karenina.

Jorge (*em sobressalto*)
   Uma mulher a presidir ao Comité? O misterioso E.C.L.K. que subscreve a correspondência do Comité é uma mulher?

Maria
   Qual é o espanto? Então não é o Movimento Feminista Global o promotor do evento? As mulheres estão em todas, caro senhor. Isto é o século XXI. Conduzem carros eléctricos e autocarros, vão à tropa, são comissárias de polícia, dominam a crítica literária, são corretoras de Bolsa, barbeiras, juízas e motoristas de táxi. Pilotam aviões militares. Chega?

Carlos Bovary
   Uma mulher com tal nome... Deviam ter designado um homem, em atenção a nós. Sabiam que éramos sensíveis ao excesso de poder nas mãos das mulheres.

Maria (*dirigindo-se a Carlos Bovary, coquete*)
   Bom, é um pseudónimo. É uma simpatia de pessoa. Vai adorá-la. É uma daquelas mulheres que não deixam ninguém indiferente. Bela, inteligente,

sensual. Daquelas que faria feliz qualquer homem. A pessoa indicada para gerir um conclave como este.

Clifford *(azedo)*
E é feminista? Uma mulher objecto, segundo refere? Ou as feministas já não são o que eram?

Maria *(a rir, mas ferina)*
Não respondo a provocações.

Cliffford
Estranha forma de nos surpreender, Maria. Uma mulher com um nome, pseudónimo, digo, assim, na presidência de um Encontro de homens tristemente célebres, é que soa a provocação. Com que direito...?

Jorge
Ulltraje! Armadilha! *Complot!* (*risos sarcásticos*)

Carlos Bovary *(sério)*
Uma coisa sem pés nem cabeça!

Maria *(apaziguadora, desvalorizando a indignação das três personagens)*
Pés e cabeça tem ela, podem crer. E pelo meio muito por onde regalar a vista! Será compreensiva convosco, fiquem descansados. Aguarda-vos uma simpática surpresa.

Carlos Bovary
Nós estamos no meio duma guerra, Maria. Dá-se conta de que estamos em guerra? E que a ostentação de qualquer símbolo do inimigo representa para nós uma atitude hostil?

Maria *(atrapalhada)*
Peço-lhes que evitem julgamentos apressados. Vejam com os próprios olhos. Vá, corações ao alto, pensamentos positivos, abaixo as melancolias e os azedumes DE gente recalcada. É desejo da presidente que este Encontro de imortais constitua uma verdadeira festa da literatura.

Clifford (*sisudo, pouco agradado com a situação*)
   Com pessoas como nós? Bem, bem. Veremos. Não é assim, cavalheiros?

Jorge
   Nem menos. Veremos. Não contávamos com uma destas.

Carlos Bovary
   Vamos estar de pé atrás. Diga-me Maria: os materiais da Convenção? Quando nos chegarão às mãos?

Maria (*espevitada*)
   Imediatamente. Encontrarão no quarto um saco de serapilheira com tudo o que precisam: *badge* de identificação, senhas de refeição, preservativos, horários dos aviões, mapas da cidade (para o caso de uns furos nos horários das maçadoras sessões que facilitem umas escapadelas), catálogo, roteiros com indicação de restaurantes típicos e casas de fados, convites para as várias reuniões do programa social, o programa social, naturalmente, o programa com os horários das comunicações, nomes dos participantes e dos presidentes de mesa e o meu número de telemóvel.

Carlos Bovary
   Já agora: quem são os outros membros da Comissão de Honra? Os imortais ainda por chegar?

Jorge
   Só sabemos que fomos sorteados de uma *short list* de vinte personagens compatíveis com o tema da Convenção. Quem são os outros?

Maria (*evasiva, furtando-se a responder directamente a Carlos Bovary e a Jorge*)
   Encontrarão toda a informação nos quartos. Aconselho um banho retemperador, bom apetite, bom descanso, boa disposição. Às nove menos dez, já sabem: todos à Sala *Equador*. A presidente do Comité fará as apresentações. A reunião decorrerá à porta fechada mas depois haverá uma conferência de imprensa.

Clifford
: Temos de aturar a súcia dos jornais mal nos instalamos? Começa já hoje o flagelo?

Maria
: Começa. E espero que venham preparados para responderem a perguntas do século XXI. *Eles* não vos darão folga.

Clifford
: Comigo, estão bem arranjados.

Maria
: Só mais uma recomendação: despesas como serviço de bar no quarto (ou fora dele) e os filmes pornográficos na televisão são consideradas extras e portanto não são cobertas pela Organização. Regularizam na Recepção antes de partirem. Ficarei disponível vinte e quatro horas sobre vinte e quatro horas para acudir a qualquer necessidade dos sete magníficos da Comissão de Honra. Não hesitem em contactar-me se precisarem de ajuda. Vale? Então até logo.

A governanta levanta-se do sofá onde se sentara, a alguma distância dos três homens, aproxima-se e toma a condução da cadeira de rodas. O groom aproxima-se das bagagens de Carlos, Jorge e Chatterley e coloca-as sobre um carrinho. Um dos ascensores leva Jorge e Carlos para o terceiro piso e Clifford Chatterley, cadeira e governanta, para o quinto. No outro ascensor, o groom e o carrinho com as malas começam, pouco depois, a subir. Maria sai de cena. Um anónimo dirige-se ao recepcionista. As luzes esmorecem. Cai o pano.

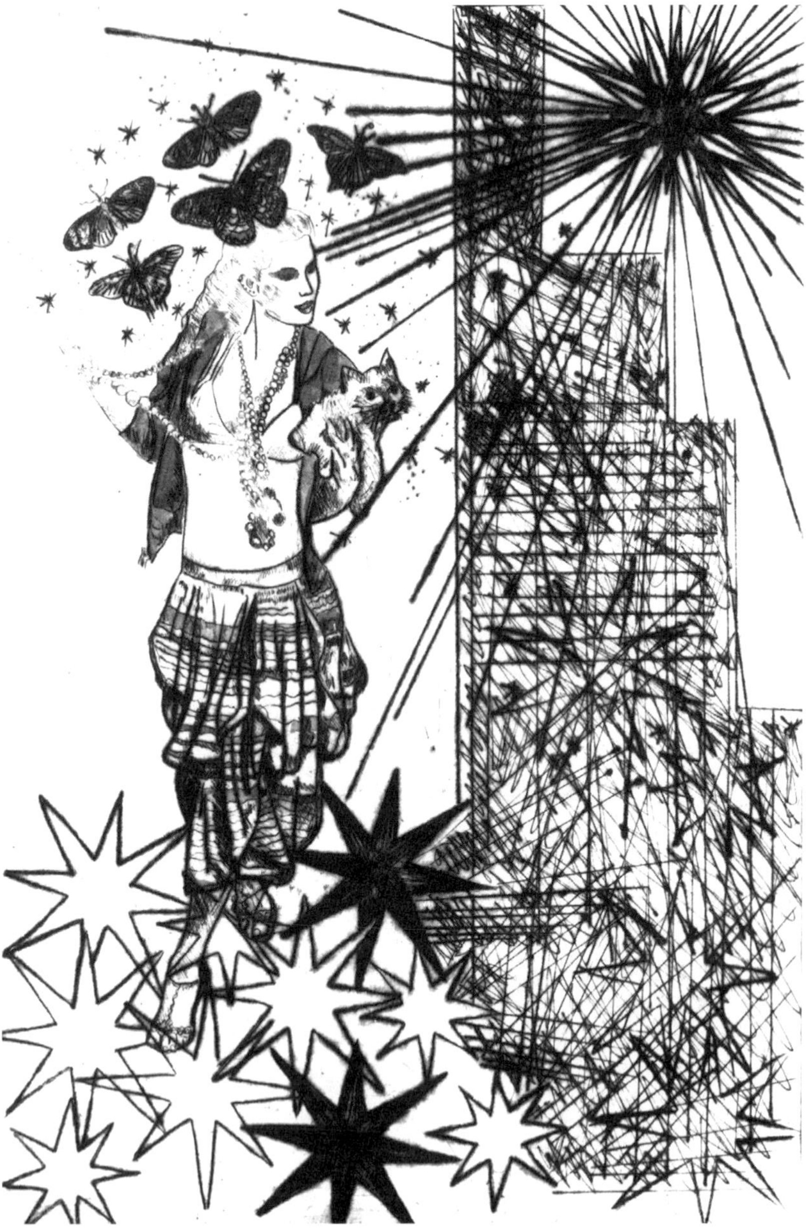

QUADRO VI

SALA *EQUADOR* / SESSÃO DE BOAS-VINDAS

Ema K.
Caros convidados:
Em nome do Comité Organizador dou as boas-vindas aos ilustres membros da Comissão de Honra da I Convenção Literária da Personagem Comparada. Uma Convenção para a paz. É uma ocasião única na História da Literatura Mundial. O conclave só foi possível graças a um grupo de mulheres que corajosa e abnegadamente angariou os apoios indispensáveis à sua realização. Elas levaram a bom porto esta nau, superando ventos adversos e vagas alterosas. Esta é sobretudo uma homenagem das mulheres aos homens gloriosos cujo amor-próprio foi sacrificado ao seu, delas, direito à escolha dos caminhos da felicidade. Recordo que se tratava de um tempo histórico marcado pela dependência material e pela intransigência social dos sistemas masculinos dominantes. O Comité a que tenho a honra de presidir, dá pois as boas-vindas a Carlos Bovary (*Madame Bovary*), Jorge Carvalho (*O Primo Basílio*) Clifford Chatterley (*O Amante de Lady Chatterley*), Alexei Alexandrovitch (*Ana Karenina*), Bentinho (*Dom Casmurro*), Teodoro (*Dona Flor e seus Dois Maridos*) e Daniel Trigueiros (*Resposta a Matilde*) na qualidade de lídimos representantes da memorável plêiade de maridos enganados que, com maior ou menor convicção, contribuiu para o árduo processo de emancipação da mulher no Ocidente. Foram vistos com desprezo pela opinião pública, vexados pelos amigos, ridicularizados por sociedades preconceituosas em que são mais efeito do que causa. Esses homens não podem continuar a ser olhados pelas mulheres como seres odiosos, já que por eles passou parte da sua luta pelo fim da servidão. Inscrevem-se por direito próprio, ainda que na qualidade de parceiros involuntários, num martirológio que em muitos e variados aspectos coincide com os nossos próprios heroísmos. Por isso aqui lhes deixo a nossa mensagem: Estamos convosco!

A constituição definitiva da Comissão de Honra resultou de uma demorada avaliação de centenas de nomes que nos foram propostos por Faculdades de Letras, críticos literários, associações de escritores, de todo o mundo. O Comité solicitou que fossem considerados perfis do cabisbaixo, do cínico, do fantasma, do machista, do mutilado, do ejaculador precoce, do feio, do tímido, do adúltero, do preconceituoso, do sádico, entre outros. Posso dizer com regozijo que as sugestões que recebemos foram na generalidade tentadoras.

Chegou-se à selecção restrita de vinte nomes e depois do sorteio realizado perante um funcionário do Governo Civil obteve-se este brilhante resultado. Se não conseguimos cobrir a totalidade das áreas previstas ao menos temos entre nós um ramalhete de maridos enganados, célebres, absolutamente excepcional. Bem hajam, pois, meus senhores, por terem aceitado o nosso convite para se deslocarem a Lisboa e por se mostrarem dispostos a prestigiar esta festa das Letras com o timbre inconfundível da vossa presença. Muito obrigada.

Carlos Bovary

Serei breve. Por decisão *ad hoc* tomada momentos antes de entrarmos nesta sala, foi-me confiada a incumbência de agradecer as palavras da nossa anfitriã. Foi levado em linha de conta, segundo penso, o factor etário, porque quanto à notoriedade, a todos coube uma boa fatia dela. Não há desníveis de representatividade escandalosos nesta Comissão. Prevaleceu, pois, a antiguidade. Deferência que agradeço aos meus distintos colegas. Que posso eu dizer que não esteja bruxuleando no nosso espírito como uma tocha ardente? Desde que aqui chegámos, há algumas horas, as surpresas sucedem-se. Primeira surpresa: o *nome* da presidente do Comité Executivo da Convenção, um extravagante pseudónimo. Tomámo-la, alguns de nós, por brincadeira de mau gosto. Segunda surpresa: as traidoras querem a paz. Terceira surpresa: o Comité Executivo é inteiramente constituído por mulheres. Inquietante, além de surpreendente. Senhora presidente: confessamo-nos gratos pelo acolhimento mas entenderá que tão ambicioso horizonte – a paz – excederá as expectativas de muitos de nós. Todavia, se as comunicações e debates da Convenção iluminarem zonas de sombra com argumentos que nos façam reavaliar o estado das coisas, pois bem, ponderaremos. Apesar da recepção amistosa e da aliciante – e revolucionária, diria – proposta de trabalho, o que lhe posso prometer é: ponderaremos. Nada mais. Em todo o caso, muito obrigado. Vir a Lisboa foi um privilégio; se nos sentirmos mal há sempre o recurso a um banho de mar na Caparica ou em Cascais para refrescar as ideias. Esperamos não ter de chegar tão longe.

Ema K.
Quanto ao meu pseudónimo, varia de Convenção para Convenção. Já fui informada das vossas reacções. Não previ que pudesse chocar-vos como chocou. Para vos ser agradável, reduzi para Ema K. Sempre fere menos. Vejam na mudança de agulha um gesto de boa vontade.

Carlos Bovary (*diplomata*)
Somos homens de civilização. Sabemos apreciar um gesto bonito. Ainda que na questão de fundo mantenhamos as nossas posições de princípio.

Ema K.
Muito bem. Tomei boa nota das palavras prudentes de Carlos Bovary. É minha convicção de que toda a gente vai deixar esta Convenção mais rica depois de nela ter participado. O tema foi escolhido mercê de cuidadosa reflexão, contemplando as diversas sensibilidades auscultadas. Nunca dissemos que ia ser fácil. E também nunca dissemos que esta Convenção ia mudar tudo. Avançaremos por pequenos passos, se preciso for.

Bentinho põe a mão no ar, que assim permanece até lhe ser dada a palavra.

Jorge
Sim, sim. Pequenos passos é o melhor. Passadinhas. Passo miudinho.

Carlos Bovary
Haja respeito pelos nossos pergaminhos.

Clifford
A paz implica perdão. E quem, de entre nós, se dispõe a perdoar?

Teodoro (*alarmado, sotaque brasileiro popular*)
Calma, calma aí, *siôres*. Há estatutos *difêrêntjis*. Não somos todos o mesmo.

Jorge
(*Em aparte, imitando a letra do conhecido samba*)
O que é que o baiano tem?

Ema K.
Diga, diga, Teodoro.

Teodoro
Eu não estou em guerra com ninguém. Vivo em paz comigo e com os outros. O meu mundo não é perturbado pelo remorso. E o meu sono é o de um homem de consciência tranquila.

Clifford
(*Em aparte*)
Saberá o pobre diabo ao que veio, onde está, o que esperam dele?

Carlos Bovary
Escuta, Teodoro. Pareces nervoso. Isolado o inimigo comum, comedimento nas palavras só nos fica bem.

Teodoro
Inimigo? Qual inimigo?

Alexei
Elas. Se não queres solidarizar-te, ao menos abstém-te de criar anticorpos.

Teodoro
Siôres: a Convenção deve ser saudada por ter pugnado pela *diversidadji*. Eu não tenho de *pêrdoá* nada porque de nada sei. Em boa *verdadji* fui atraído ao engano graças a um *sêdutor* fantasma. *Tão vendo?* Ter por rival um fantasma, acaso é válido?

Carlos Bovary (*acintoso*)
Não queiras pôr já o rabinho de fora. Se o teu nome figurava na *short*

list por alguma coisa era. Traços de personalidade, meu caro, traços de personalidade. Talvez caibas na secção dos maridos aborrecidos. Ocorreu-te?

Teodoro (*ignorando a intervenção de Carlos Bovary*)
Segundo Jorge Amado só fui traído por pensamentos e palavras. Nunca por actos. Aliás, beneficiei. *Tão vendo*?

Carlos Bovary
E a que chamas tu "benefício"?

Teodoro (*justificando-se veementemente*)
Se Flor, de olhos fechados, aos gemidos, *via* o Vadinho quando fazia *amô* comigo, de que devo queixar-me? Se ela atingia o cume do *prázê* abraçada a mim julgando-me o Vadinho como posso moer-me de raiva se quem *lá estava* a aproveitar era realmente, objectivamante, materialmente, *eu*? *Eu, sinôra* e *siôres. Eu*, o próprio. *Tão vendo*?

Jorge (*gozão*)
O Amado riu-se de ti mas acabou por te tratar melhor do que merecias, meu possidónio.

Bentinho (*censurando lateralmente o compatriota*)
Ao cabo e ao resto aceitámos todos integrar a Comissão de Honra de uma Convenção cujo tema é o marido enganado.

Teodoro
Frisei sempre ao Comité que era um enganado impuro. *Tão vendo*? Impuro. Em diversas ocasiões dirigi-me ao misterioso E.C.L.K., que agora sabemos ser Ema K., advertindo de que gostaria de vir à Convenção mas que o meu estatuto diferia do estipulado pelo Regulamento. Apesar disso insistiram, eu vim. Deixo bem claro: não me quero misturado com seres que vagueiam na eternidade como almas penadas vergadas ao peso de uma reputação miserável. Estou contente com a sorte que tive. *Tão vendo*?

Ema K.
Talvez a sua dimensão como personagem de *Dona Flor* ultrapasse a visão que tem dela.

Teodoro
Sejamos realistas, pelo *amô di* Deus, sejamos modernos, arejados, compreensivos. Francamente, nem sei por que fui escolhido. Sinto a cabeça leve como uma pluma. Estou *inocentji*.

Clifford (*violentamente jocoso*)
Arejados? Céus! Acudam!

Bentinho (*sentencioso*)
Foi por causa do tema do fantasma.

Clifford (*em novo aparte, pigarreando*)
Esse mimoso adereço intelectual.

Teodoro
Só se foi por isso, porque quanto ao mais... Para o fantasma há o *rêalismo* fantástico, o *rêalismo* mágico, essas variantes equívocas do *rêalismo* puro e duro, eminentes colegas.

Daniel Trigueiros (*falando por falar*)
O realismo, Oh, o realismo... Hoje em dia a realidade é mais realista do que o realismo. Se o realismo não é realista porque hei-de eu ser realista?

Teodoro
Não nos encontramos numa Convenção realista-naturalista? Não viemos aqui para *relançá* o *rêalismo* de tão boa *mêmória*, que tantos autores *gêniais* deu à Literatura? O velho *rêalismo* do quotidiano, do prosaico, do estar-se na vida como ordena a mãe natureza?

Segue-se um silêncio incómodo.

Ema K.
Terminou, Teodoro? Sim? Belo! Não entremos por ideologias, teorias, teologias, correntes literárias, O.K.? Senão nunca mais saímos daqui. O Bentinho está de dedo espetado há um par de minutos. Bentinho.

Bentinho *(baixando a mão, sotaque brasileiro culto em português clássico)*
Tenho estado a ouvir-vos, eméritos colegas, com a maior atenção. E a empreender nas minhas próprias insuficiências e contradições. Carlos Bovary sugeriu-me que fosse eu o porta-voz do grupo mas declinei a seu favor.

Clifford *(grosseiro)*
E por que havia de ser você o porta-voz do grupo?

Bentinho *(imperturbável)*
Porque sou a única personagem nuclear aqui presente: protagonista, narrador, manipulador, tudo. E também, seguramente, a mais perplexa. Sabem os *siôres* que há um movimento de opinião, no *Brasiu*, que se propõe *prová*, através do teste do ADN, que Ezequiel é mesmo meu filho e que Capitu não traiu?

Jorge
Não é nada em que eu não tivesse já pensado.

Bentinho
E por quê?

Jorge
Dom Casmurro é um ensaio sobre o ciúme.

Bentinho
E então?

Jorge
Privilegiaste o acessório e descuraste o principal. À força de quereres ver no Ezequiel as feições, o corpo, os tiques, do Escobar, acabaste a *ler* o Escobar no Ezequiel a partir de uma impressão.

Bentinho *(desafiador)*
Uma *imprêssão*? Desmonta lá essa da "*imprèssao*". Diz lá o que viste em mim que eu não vi.

Jorge (*didáctico*)
   Sim, uma mera impressão. Transformaste impressão em convicção. E abdicaste de ir mais longe na procura dos factos.

Bentinho
   Om'essa!

Jorge
   O ciúme cega.

Bentinho
   Continua.

Jorge
   Tem razão o movimento que pugna pela aplicação do teste ADN aos restos mortais do Ezequiel. O problema será encontrá-los na Jerusalém de 2007. Enfim: uma palavrinha à Mossad era capaz de resolver...

Bentinho (*procurando fazer espírito*)
   Leste bem o *Casmurro*, refinado maroto!

Jorge
   O Machado atirou-se ao Eça! E logo por causa do *Basílio*. Li o *Casmurro* à boleia da polémica. É normal.

Bentinho
   O Machado e eu comprometemo-nos num exercício de subtileza.

Jorge (*encolhendo os ombros, ar displicente*)
   Nada me move contra a subtileza.

Bentinho (*áspero*)
   O teu Eça não era de subtilezas. Cortava a direito. Com ele ia tudo a fio de espada.

Jorge
   Deixemos o meu Eça descansado. Estou a falar do *Casmurro*. Não desvies a conversa. Continuo na minha: descuraste o principal.

Bentinho (*repisador*)
Explica-te *mêlhó*: o que vês de desonroso no meu desempenho?

Jorge
Se assim o queres... Se achas que é preciso... se não te magoas...

Bentinho (*enérgico*)
Desembucha.

Jorge
Faço-te a vontade. Não li algures que Escobar tinha planos "para os quatro"? Ele, tu, Sancha e Capitu? O que seria? Uma espécie de *ménage à quatre*? Uma antecipação dos casais *swing* do século XXI?

Bentinho (*irritado*)
Larga o século XXI da mão. Está lá. Na *voz* de Sancha. *Si* tratava de uma simples viagem à Europa. Retiro o que disse. Afinal não foi assim tão *lêgal* a tua leitura.

Jorge (*imperturbável, massacrante, ignorando o esclarecimento do outro*)
Ou uma clarificação seguida de acordo mediante o qual tu ficasses com Sancha e Escobar com Capitu? Estaria Sancha no segredo dos deuses? Quando ela te apertou a mão acima das conveniências não seria isso um pretexto para te envolveres em ligação mais aconchegante?

Bentinho
Ainda não *pêrcêbi* onde almejas *chegá*.

Jorge (*atacando a fundo*)
Já vais perceber. O que fizeste tu, em vez de ires atrás dessas duas excelentes pistas? *Mataste* o Escobar – e por afogamento, calcule-se, ele que era exímio nadador, logo conhecedor das correntes e da força das marés – antes de poder revelar que "planos para os quatro" eram os dele; e livraste-te apressadamente da Sancha que mal enviuvara, sacudindo-a sem mais aquelas do romance. Expediste-a a alta velocidade para o Paraná, sem explorares o seu potencial conhecimento de *tudo*. A viúva, com o caminho desimpedido, alargaria, para ti, o

reportório das intimidades através das quais farias a correcção das tuas famigeradas obsessões... Isto, se estivesses mesmo interessado na verdade, bem entendido.

Bentinho
Se supões que me entalas...

Jorge (*dando a estocada final*)
É a isto que chamas subtileza? Matar e exilar para que a flor da dúvida vicejasse *ad eternum* no canteiro da tua maldita fixação? Eu chamo-lhe ambiguidade, se quiser ser benévolo; trapalhada, se quiser ser rigoroso; incompetência, se quiser ser profissional; taradice, se me apetecer raspar com as unhas a ferida que velas para que não sare.

Bentinho (*de cenho carregado*)
Não podia ir contra as instruções do Machado.

Jorge
Alimentaste o teu ciúme como um animal de estimação. À medida que a suspeita cristalizava em ti ia diminuindo a capacidade de distinguires claro. Diz lá que é mentira.

Clifford (*para Ema K.*)
Posso apresentar uma sugestão à senhora Presidente?

Ema K.
A palavra é sua.

Clifford (*cínico*)
Julga possível, estimada Presidente, pôr cobro ao palanfrório dessas incríveis personagens latinas e latino-americanas, que se imaginam centrais na literatura mundial quando são apenas transversais? Ou nem mesmo isso? (*Olha que isto não é para ti, Jorge, não é para ti*).

Ema K. (*em tom de ralhete*)
O debate do Bentinho de *Dom Casmurro* e da sua conexão com o título do romance estava ser deveras interessante. Voltaremos a ele, quer Sir Clifford queira, quer não. Mas continue, continue, *Sir*...

Clifford (*agastado e elevando a voz*)
>Diga-me então caríssima presidente: qual é o grau de representatividade de uma personagem como Daniel Trigueiros para figurar na Comissão de Honra? Alguém conhecia a existência de Daniel Trigueiros antes de aqui chegarmos? Alguém sabe quem é? Trata-se de um vulto influente? Ou uma dessas figuras de paróquia que as organizações se veem obrigadas a meter nos congressos para adularem os influentes locais e embolsarem os respectivos subsídios? Perdoa, Carlos Bovary, se te contesto quando dizes não existirem desníveis de notoriedade escandalosos entre nós. Há, e grandes.

Ema K.
>Sir Clifford, por quem é. Ainda conserva essa agressividade depois de todas as lições que recebeu da vida? Temos o tempo por nossa conta.

Clifford (*desdenhoso*)
>Chamou os jornalistas... Ou vai fazê-los esperar? *I'm afraid that you are wrong*!

Ema K.
>Os jornalistas que aguardem. O diálogo interpares nesta sessão de boas-vindas é indispensável ao bom andamento dos trabalhos da Convenção. Ficamos mais soltos, mais abertos, a conhecermo-nos melhor.

Alexei (*conciliador, pondo água na fervura*)
>Já agora, presidente, fale-nos um pouco de Daniel Trigueiros. Confesso: rebento de curiosidade. A minha ignorância a respeito da personagem é absoluta.

Ema K.
>Quanto a Daniel Trigueiros... Deixe-me consultar os meus apontamentos...

Clifford (*em aparte, abanando a cabeça*)
>Ih! Ih! Precisa de recorrer à cábula! Hi! Hi! Lamentável!

Ema K. (*readquirindo segurança depois da breve hesitação*)
O Fernando Namora foi um notável escritor, no seu tempo. Anda um bocado esquecido. A nosso ver, injustamente. Quisemos recuperá-lo, é um facto. Achámos que o seu "divertimento" em *Resposta a Matilde* correspondia a uma das linhas de força da Convenção para a qual não havia nomes fortes. E colocámos o Daniel na *short list*. O sorteio ditou o resto.

Daniel Trigueiros
Ainda mal falei e já estão a atacar-me? Dirigi algum agravo a Deus? Não me tenho comportado dentro do aceitável? Conheço os meus limites, sei muito bem qual é o meu lugar entre chifrudos tão ilustrados.

Alexei
Meu querido amigo, resuma lá o seu caso, só para nossa cultura geral. *Pajalsta.*

Ema K.
Não elabore muito, Daniel. Seja breve, por favor. Resuma.

Daniel Trigueiros (*resumindo*)
O meu caso é simples. Não aguentei. Suicidei-me.

Clifford (*em aparte, sem poder conter-se*)
Cobardolas!

Alexei (*com o seu cinismo perfumado*)
Mas, Daniel, esta é uma elite de sobreviventes. O que é que lhe deu, homem? Na generalidade, os cornos somos nós mas quem morre são *elas*.

Daniel Trigueiros (*resumindo ainda mais e melhor*)
Pois eu liquidei a questão com um tirinho na têmpora direita.

Teodoro
Então isso foi uma *trágédia*! Um *horrô*!

Daniel Trigueiros
> Dei corda a um enredo cujas regras, inventadas por mim, não estive à altura de respeitar. Falhei. Fui vítima da minha suja maquinação.

Teodoro
> E que maquinaste tu, esplêndido coevo, para te deixares *esmágá* pelo teu próprio engenho?

Daniel Trigueiros
> Um acordo.

Teodoro
> Um acordo...

Alexei
> E com quem?

Daniel Trigueiros
> Com *ela*.

Ouve-se um bru-á-á na Sala Equador

Teodoro
> Explica-te lá.

Daniel Trigueiros
> Para lavar os meus pecados de mulherengo incorrigível, resolvi permitir-lhe uma aventura. Assim, achava eu, ficaríamos quites. O tipo ideal para o efeito foi escolha recíproca: apagado, complexado, pobre, citadino de segunda embora licenciado.

Alexei (*irónico*)
> Ah, porque vocês escolheram o galã em sociedade...

Daniel Trigueiros
> Num café que os três frequentávamos.

Alexei (*refinando no tom hipócrita*)
> Que romântico... Num café... *Ochin Kharachó*.

Daniel Trigueiros
Definidas as balizas, de espaço e de tempo, da aventura (porque havia um lugar e um prazo), arrependi-me, mas não dei parte de fraco. Pus-lhe uma condição: que a coisa se passasse em nossa casa.

Alexei
E ela aceitou?

Daniel Trigueiros
De imediato. Sem pestanejar. Segundo os meus cálculos, eu teria sempre a oportunidade de intervir, de interromper, de sabotar o encontro, desmoralizando o aspirante a sedutor. Até que acabassem por desistir. Era essa a ideia.

Ema K.
E ela nunca suspeitou das suas obscuras intenções?

Daniel Trigueiros
Talvez tivesse suspeitado. Tanto assim que furou o acordo. Apaixonou-se pelo cretino e este levou a sua amante num quarto alugado. Aí, passei-me.

Teodoro
Como soubeste?

Daniel Trigueiros
Ora, segui-os.

Alexei
Até ao quarto alugado?

Daniel Trigueiros
Até ao prédio do quarto alugado. Sempre alimentando a esperança de que ela seria incapaz de chegar a vias de facto.

Alexei
Mas foi.

Daniel Trigueiros
Foi capaz. Com um atrasado daqueles. Só havia um culpado. Eu. Tinha desencadeado a tempestade que viria a engolir-me. Matei-me junto do elevador do prédio onde eles *o* fizeram.

Carlos Bovary
Que cena mais triste!

Clifford
Que gente péssima!

Daniel Trigueiros (*voltando-se para Clifford, irado*)
Estou farto de apartes e de remoques! (*para os restantes colegas*) Só acedi a comparecer na Convenção porque Ema K. mo suplicou. Em nome do Namora. Que era preciso dar um pouco de alento ao Namora, tão esquecido, tão negligenciado pelas novas gerações… Então se é por uma boa causa, disse eu, irei. Vamos lá dar um segundo fôlego ao Namora, que bem precisa. Até porque *Resposta a Matilde* foi um livro pouco falado, do qual quase ninguém se lembra.

Alexei
Afinal o "marido" do Namora parece corresponder a um tipo raro de personagem: aquele que se tornou a vítima do ardil que montou, manifestando o seu arrependimento e o seu ciúme com um balázio nos miolos.

Daniel Trigueiros
Prometo não voltar a maçar-vos. Sou um morto. Um verdadeiro morto. E, para morto, já falei demais.

Clifford (*exuberante de insolência*)
Até que enfim! Uma gota de bom-senso! Uff!

Ema K. (*cada vez com menos paciência para o inglês*)
Sir Clifford, tenha maneiras. Sempre esse verbo em riste contra os

representantes das classes menores. Daniel Trigueiros é um solicitador. Não é propriamente um guarda-caça.

Clifford
Para mim, solicitadores e guarda-caças comem todos da mesma gamela, minha querida!

Ema K. (*estalando-lhe pela primeira vez o verniz*)
Não me trate por minha querida!

Clifford (*repisador*)
What a pity! Pois sim, queridinha!

Teodoro (*pernóstico*)
E é isto um tipo da alta! Um inglês! Um *Sir*!

Ema K. (*de olhos em chispa para Clifford e, vingativa, espetando o dedo na direcção de Jorge*)
Devolvo a palavra ao Jorge para que complete o seu raciocínio sobre *Dom Casmurro*.

(*Clifford finge que não é nada com ele e fecha-se num mutismo calculista*)

Jorge (*dirigindo-se a Bentinho*)
Olha-me nos olhos, Bentinho. Vais ficar debaixo de fogo e nem sequer é por causa do Eça. O Eça deu cá um baile ao teu invejoso autodidacta...

Bentinho
Então é por causa de quem?

Jorge
Por tua causa, naturalmente. Em meu modesto entender, quem tos pôs não foi a Capitu. Foi o Machado.

Bentinho
Minha nossa! Onde foste desencantar a teoria? Estás bom da cabeça? O Machado de Assis e eu somos dois autênticos irmãos siameses. Unha com carne. *Podis crê*.

Jorge (*enjoado*)
> Autênticos!... Que palavra tão pesada, tão definitiva. Unha com carne!... Que associação atroz, Bentinho! Põe a massa cinzenta a trabalhar. Alguma vez reparaste o que se chama reparar no título do romance? *Dom Casmurro*?

Bentinho
> Que é que tem o título?

Jorge
> Bentinho! Sê enorme!

Bentinho
> Sê-lo-ei, se puder.

Jorge
> É ou não é verdade que o Machado, contra a tua vontade, proibiu-te de mexeres no título, embora tu o tivesses tentado? Hem? É ou não é verdade? Vá, define-te, prezado colega de além-atlântico. Para sossego de todos nós. Confessa-te, anda.

Bentinho
> O título não foi da minha responsabilidade.

Jorge
> Então foi da responsabilidade de quem?

Bentinho
> Do Machado. De quem havia de ser?

Jorge
> E não estranhaste que tu, o sujeito da narrativa, não fosses autorizado a dares o título ao livro?

Bentinho
> O Machado interditou-mo firmemente.

Jorge
> Pronto! Disseste o que eu precisava de ouvir. Ao chamar-te "casmurro" o Machado quis significar: *Abstive-me de interferir na tua versão da*

história, mas no título não tocas. No título quem manda sou eu. Se te chamo casmurro e não outra coisa qualquer, cá me entendo.

Bentinho
Estás a insinuar que...

Jorge (*categórico*)
Eu não insinuo. Tu é que és o mestre insinuador. O esperto mistificador. O ilusionista. Eu, afirmo. Leio os sinais e, baseado neles, afirmo. Continuo a falar pela boca do Machado: *O teu "transtorno" quase fazia com que passasse à posteridade como um escritor inepto. Pois toma lá o "casmurro" para teu governo. E para minha salvação póstuma.*

Bentinho
O Machado jamais se me dirigiria nesses termos.

Jorge
Ai, ai. Tens uma ideia bem falsa daquilo que o Machado não seria capaz de fazer por ti. O título condensa magistralmente a fraca consideração que o Machado dispensava à sua personagem. *Quem faça uma reflexão séria sobre a semântica deste título entenderá que não dou cobertura ao teu delírio autista.*

Bentinho
Pára com isso! Para ventríloquo falta-te estilo e voz. Falas arranhado.

Jorge
Bem, e daí? Desde quando a denúncia da tua incúria precisa de voz e de estilo? *Não matasses o Escobar. Não expulsasses a Sancha. Eliminaste à pressa todas as fontes de prova de onde pudessem surgir, transparentes, a culpa ou a inocência de Capitu.*

Bentinho
Cala-te, por Deus! Não sejas injusto comigo. Fiz-te algum mal? Ou estarás a vingar o Eça por interposta pessoa, personagem, digo? Acaso sou culpado das críticas do Machado?

Jorge
E tu a dares-lhe com o Eça! O Eça sabia mais a dormir do que o Machado acordado. O Eça, ainda hoje, é muito capaz de tomar conta de si. Escuta mas é a voz do dono, a tua má consciência: *Tudo quanto intuísses capaz de subtrair-te à fruição da maldita crença que em ti se radicara a partir de aparências, singelas aparências, inócuas aparências, era-te insuportável, desviava-te da tua masturbação mental, do gozo de estares sempre a lamber as tuas próprias feridas, agravos infundados porém tão fortemente radicados no teu espírito que sem eles a vida não fazia sentido. Portanto, toma lá o* casmurro *e vai-te curar.* Tem graça: também é assim que eu vejo a coisa. És um desconfiado estrutural.

Silêncio

Ema K.
Bentinho! O seu silêncio pressupõe que o debate para si terminou?

Bentinho (*consternado*)
Sim, Ema. O Jorge foi muito incisivo. Foi buscar o estruturalismo, arrumou-me. Vou meditar nas palavras dele. De momento, passo.

Clifford (*cortante*)
Oh, my God! Finalmente, um rasgo de clarividência! Viva o estruturalismo! Senhora Presidente (*senhora, já que não me permite chamar-lhe minha querida*): pois a minha querida e indispensável senhora Bolton está dali a fazer-me sinal. Está na hora de tomar os medicamentos e da nossa partida de xadrês.

(*A senhora Bolton, a assistir, sentada, numa zona obscura da sala, ao que se passa, é alvo do foco luminoso. Faz sinais a Cliffford de que está na hora, apontando para o relógio de pulso.*)

Como sabem, pago-lhe uma quantia suplementar para que ela possa perdê-la a jogar xadrês comigo. Seria imperdoável deixá-la ganhar duas partidas seguidas.

Ema K. (*desagradavelmente surpreendida*)
Como? Vai faltar à conferência de imprensa? Atreve-se a cancelar unilateralmente o encontro com os jornalistas? Depois de, por indicação sua, termos confirmado a presença?

Clifford
A culpa é sua! Deixou arrastar esta sessão de boas-vindas até muito tarde, ao não cortar a palavra a essas personagens latinas e latino-americanas que já ninguém aguenta (ressalvo o meu muito querido e velho amigo Jorge). Deu um tempo de antena obsceno à insignificante personagem Daniel Trigueiros. Acalentou os queixumes desse pobre Teodoro, cornudo virtual e em certa medida personagem-fora-do-tema, visto não ter passado pelo verdadeiro baptismo de fogo. Senhora minha, passe muito bem. Caros colegas, permitam-me a franqueza: esta reunião foi uma seca.

Ema K. (*descoroçoada*)
Olhe, Sir Clifford, os jornalistas vão zangar-se. E isso é mau para a Convenção. Sei que eles gostariam de falar consigo. Por causa do filme. *O Amante de Lady Chatterley* é um sucesso de bilheteira e de crítica.

Clifford (*martelando as palavras*)
Senhora presidente: vá gozar outro. O filme só é um sucesso porque a arraia miúda quer ver a Connie e o guarda-caça em pelota, às corridinhas, na floresta. Tenha dó deste infeliz deficiente motor.

Ema K. (*fora de si*)
Fiz os possíveis por lhe ser agradável mas o senhor é realmente uma pessoa de trato abominável.

Clifford
A senhora é que saiu pior do que a encomenda.

Ema K. (*ignorando a grosseria*)
Comprometi-me com os chefes de redacção e editores dos jornais de que o senhor estaria de corpo inteiro (enfim, o que resta dele) na conferência de imprensa. Garantiu-me que não faltava. Agora, puxa-me o tapete, vai para o quarto tomar os medicamentos e jogar xadrês com a velha...

Clifford (*irado*)
Respeite a senhora Bolton. Poupe-a à sua má criação. Para mim, a hora dos medicamentos é sagrada. E, se me esqueço, a senhora Bolton

encarrega-se de mo recordar com aqueles acenos totalitários muito seus. Amanhã, marcarei uma hora para entrevistas. A *solo*.

Ema K. (*atrapalhada*)
Direi que repousa no quarto por causa de súbita indisposição e que não deve ser incomodado.

Clifford
Faça como entender. A Convenção é sua. A decisão de não falar hoje com a gentalha dos jornais é minha. Cada macaco no seu galho!

Daniel Trigueiros (*acintoso*)
Gostei dessa, *Sir*!

Ema K. (*tentando, apesar de contrariada, compor as coisas*)
Amanhã, então, conversará com os jornalistas...

Clifford
Só com marcação prévia. Sou muito selectivo. A senhora Bolton encarregar-se-á de escolher o que for melhor para mim. Mande-os para a senhora Bolton.

Ema K.
Oiça, se se põe com muitas exigências...

Clifford (*intratável*)
E é se querem. Se não quiserem, entrevistem o Daniel Trigueiros. Devem estar em pulgas para saber de onde brotou o triste. Eu sou um *Sir* inglês, um grande da história da literatura universal, não sou uma *stripper* nem um cantor de *rap*. E agora cá vou às minhas medicinas e à minha partidinha de xadrês com a preciosa senhora Bolton. Boa-noite, ilustres imortais, senhora presidente. Um resto de serão agradável.

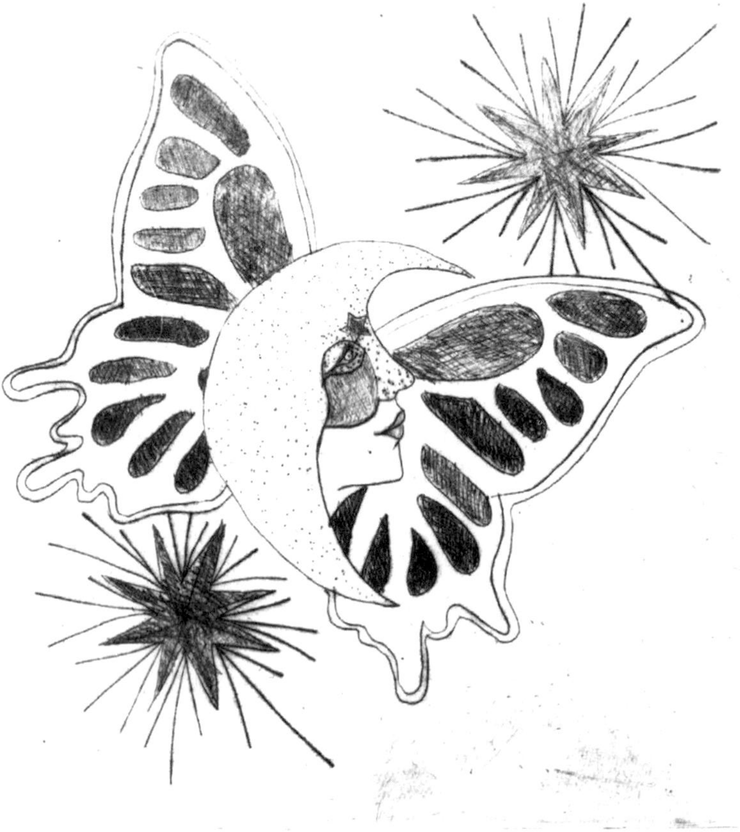

QUADRO VII

JORNALISTAS

Não há diálogo entre jornalistas, presidente e convidados. O desempenho das personagens é completamente mimético. Há uma divisão no espaço de cena. De um lado, os jornalistas estão frenéticos, de microfones, telemóveis gravadores, câmaras fotográficas e de televisão, em punho. Do outro, à mesa da Sala Equador e com dispositivo adequado, a presidente e os convidados. Simula-se uma sessão de perguntas e respostas em completo registo alegórico.

Fim do 1º Acto (*Cai o pano*)

2º ACTO

I CONVENÇÃO DA PERSONAGEM COMPARADA

COMITÉ ORGANIZADOR

Gabinete da Presidente

Uma placa com esta informação

*Grupo de Apoio à Integração
do Marido Enganado
no Movimento Feminista Global*

2º dia, sábado

A Convenção decorre em velocidade de cruzeiro no salão nobre do Palácio dos Congressos e os resultados são animadores. Há boas comunicações e debates muito vivos. Aplausos frequentes, em off. Numa pequena sala do Palácio, contígua do salão nobre, quatro mulheres do Comité Organizador, incluindo a presidente, estão no entanto preocupadas. Reconhecem terem posto a fasquia alta demais.

QUADRO VIII

Rosa
A nossa estratégia esbarrou na relutância deles, mas também na firme resistência delas. Nunca pensei que, tantos anos passados, os ânimos permanecessem exacerbados. É demais.

Eva
Ódio velho não cansa.

Lolita
As sócias honorárias que mandaram de inflamadas epístolas, negam-se a fumar o cachimbo da paz.

Eva (*muito crítica*)
Quiseram primar pela ausência? Era seu direito. Ao menos ficassem quietas e caladas. Em vez disso toca a enviar cartas, telegramas, *e-mails*. Que fazemos? Abafa-se?

Ema K.
De maneira nenhuma. Há cartas registadas com aviso de recepção. Com as sócias honorárias é perigoso brincar.

Rosa
Exigem a divulgação das mensagens na sessão plenária. Se não formos nós a fazê-lo, a comunicação social ocupar-se-á disso enquanto o diabo esfrega um olho.

Ema K.
Ou tu pensas, Rosa, que as sócias honorárias se divertem com coisas sérias? Não podemos dar-nos a luxos como o de fingir que não é nada connosco. Há que pegar o boi pelos cornos, como dizem os homens.

Eva
Uma vez na posse dos dados, os jornais chamavam-lhe um figo.

Ema K.
Sem dúvida. Temos de gerir a situação com imenso tacto. Imenso tacto.

Lolita
E eles?

Ema K.
Entre eles, Comissão de Honra, a unidade é ilusória.

Eva
Exploremos as divisões deles.

Ema K.
Noutra altura, se der jeito. Contra, o que se chama contra, só há um: o não assumido. Alega ser apenas virtual. E que portanto está naturalmente de fora.

Rosa
E o tal Bentinho?

Ema K.
Todas lemos a carta de Capitu. Bem viram como ela o arrasa. Chama-lhe tudo e mais alguma coisa: casmurro, mal-formado, seminarista, atrasado mental e o mais que me privo de reproduzir porque estamos no teatro. Um homem que não é capaz de reconhecer o próprio filho – escreveu ela – nem por compaixão merece ser perdoado. Lembram-se?

Rosa
Esses estão num beco sem saída.

Lolita (*sentenciosa*)
É no que dá organizarem-se eventos destes sem um trabalho de bastidores apurado. Jogámos no factor surpresa e olhem no que deu. Ficámos penduradas.

Rosa (*céptica*)
Com burguesas daquele calibre é difícil acontecerem milagres.

Ema K. (*consolando as colaboradoras*)
Deixa lá: eles não são melhores. Só aquele insuportável Clifford! Fogo!

(*Entra Maria com uma bandeja, cafés e donuts*)

Maria
Trago o lanchezinho para as incansáveis operacionais do Comité.

Ema K.
Diz-me cá, Maria: os nossos homens?

Maria
Os que não presidem a mesas, ou estão a dar uma volta pela cidade ou andam por aí. O Jorge e o Daniel são os cicerones. Há também quem assista aos trabalhos. O Clifford não sai, a não ser para pequenos passeios à volta do Palácio, na cadeira de rodas conduzida pela inevitável senhora Bolton. Até já deu duas ou três entrevistas.

Ema K. (*manifestando estranheza e desdém*)
Deu entrevistas, o Clifford?

Maria
À pala do filme. Na sala é vê-lo sempre muito atento às comunicações. A tradução simultânea funciona sem falhas. Acho que tudo corre bem, até ao momento. As pessoas mostram-se agradadas.

Ema K.
Põe-te de olho neles, miúda. Se puderes, ouve o que cochicham. E depois diz-nos.

Maria
O.K.! Já têm o vosso lanchezinho. Agora me vou. Faço falta lá fora. (*sai*)

As mulheres do Comité bebem café e comem donuts enquanto falam.

Ema K.
Ao Bovary e ao Alexei, talvez seja possível manejá-los no sentido de convencerem os renitentes. São uns verdadeiros senhores, sobra-lhes prestígio, todos os respeitam, inclusive o Clifford. São homens de consensos, sábios, maduros. Porém, ou alinha a esmagadora maioria, ou para levar à sessão plenária uma lista pobre, o melhor é esquecer.

Lolita
Necessitávamos de mais tempo. Para valsar são precisos dois. Existe, felizmente, um plano B.

Ema K.
O Plano B foi concebido para constituir um último recurso. O Plano B é uma confissão envergonhada de fracasso do Plano A. Nem me atrevo a pensar em accionar o Plano B. Se for inevitável, pois sim, lá terá de ser.

Rosa
E o Jorge?

Ema K.
É o maior crítico do *Casmurro*. Contudo, toleram-se. No fundo são amigos, embora andem sempre às caneladas um ao outro.

Eva
Aquelas ganas de matar a Luísa...

Ema K.
Tenho as minhas dúvidas de que fosse capaz, mesmo sem o desfalecimento dela. Aquilo foi um repente. Tudo aponta para que ele em caso algum atingisse a fronteira do não retorno. Era mais fanfarronice do que outra coisa. Aliás, temos a Luísa do nosso lado.

Eva (*desapontada*)
Não devemos então rotulá-lo de potencial homicida?

Ema K. (*desdramatizando*)
Nem pouco mais ou menos. Não digo que no meio de uma discussão, de um acesso de ira... Quem está livre de cometer uma loucura? Mesmo assim. Aquilo foi mais fumo que fogo.

Rosa
Não cheguei a ler a carta da Luísa.

Ema K.
É a mais resignada. Compreende-se. Quando traiu, não o fez por votar um verdadeiro ódio ao marido. Foi, ela própria traída pela ausência de Jorge, traída pela presença do primo, traída pelo donjuanismo deste, pelo seu blá-blá de sedutor de meia tigela. No texto dela nota-se, no meio do arrependimento, a ideia de que gostaria de conservar os dois...

Lolita
Que ela, ao ver-se abandonada, também repudiou o Basílio.

Ema K. (*irónica*)
Sol de pouca dura. Nesse arremedo de aversão ao Basílio subsiste a recordação dos belos momentos que com ele passou no *Paraíso*.

Lolita (*simulando repugnância*)
O *Paraíso* era uma espelunca.

Ema K. (*connaiseuse*)
Minha querida: o paraíso está onde os nossos orgasmos estão.

Rosa
É duvidoso incluir o Jorge nos "clássicos", então.

Ema K.
O que eu quis dizer é outra coisa. Ele guarda de si próprio uma imagem favorável, do ponto de vista do macho. Mas também há ali sentimentos.

Lolita (*escandalizada*)
Achas?

Ema K. (*segura*)
Acho. Basta ver a maneira impiedosa como encostou o *Casmurro* à parede, tomando o partido de Capitu. Devemos coibir-nos de o julgar com muita severidade, seja o que for que decida.

Lolita
O Clifford é um caso perdido. E com aquele *e-mail* da Connie...

Ema K. (*explosiva*)
E as cenas de má educação, dele, na sessão de boas-vindas? Uma peste. Alguma vez ele perdoaria a Connie ter tido um filho do couteiro? Nunca.

Eva
Ao menos podia ter-lhe dado o divórcio.

Ema K.
Dar-lhe o divórcio? Jamais. A Connie ameaça demitir-se de sócia honorária caso haja algum tipo de condescendência para com o Clifford. Dispenso a ameaça. Já me encarreguei de banir o Clifford de toda e qualquer conversação séria.

Eva
E o tal Daniel Trigueiros?

Ema K.
Outro marginal ao "cânone". Sem ponta por onde se lhe pegue. Matou-se, é de nula utilidade para nós.

Eva
Maldito sorteio! Com gente tão boa na *short list*.

Ema K.
O que pediríamos à mulher? Pois se foi ele quem, à beira do abismo, deu-lhe o empurrão fatal. Para se suicidar logo a seguir. É preciso ser tonto. Daniel Trigueiros: carta fora do baralho!

Lolita
Clifford e Daniel Trigueiros, rua!

Rosa
E então o Teodoro? Que nem assumido é? Que até se vangloria, segundo disse a Ema, de se ter aproveitado do fantasma do Vadinho para desfrutar mais afoitamente dos transportes eróticos de Dona Flor?

Ema K.
Foi ele, de resto, o primeiro excluído, ao autoexcluir-se. Ao afirmar não se rever no papel que lhe fora distribuído.

Eva
Que poderíamos nós solicitar a Dona Flor, radiante com os seus dois maridos? "Deus mos conserve", era o que ouviríamos dela.

Lolita
Clifford, Daniel Trigueiros e Teodoro, rua!

Ema K. (*em jeito de advertência*)
Cautela, Lolita! Isto não é o *Big Brother*. Isto é grande literatura, não estamos num *reality show*. Sejamos responsáveis até ao último instante. Está a nossa credibilidade em xeque.

Eva
No entanto, há sócias honorárias peremptórias: se os seus *ex* forem admitidos como uma espécie de contribuintes passivos no Movimento Feminista Global, elas, pura e simplesmente, saem! Constance, Ema e Capitu declaram-se irredutíveis.

Lolita
Três pesos pesados!

Rosa (*revelando estranheza*)
A Ema, também?

Eva
: A Ema, sim. É o que interpreto do telegrama que mandou. Onde está ele? (*busca na correspondência e lê*). Amigas Comité: Considero ofensa pessoal *stop* toda e qualquer manifestação de apreço *stop* da Convenção *stop* para com Carlos Bovary *stop* cujas mansidão e falta de brio *stop* não consigo aceitar *stop* apesar do muito tempo que já passou *stop* Agradeço leitura *stop* deste telegrama na Sessão Plenária *stop*. Assinado, Ema Bovary.

Ema K.
: Deixa cá ver: ela não é tão peremptória assim. Nem acena com a demissão. Limita-se a ficar ofendida. Talvez Carlos Bovary possa dar a volta ao texto. Tenho uma ideia.

(*pega no telemóvel e liga para Maria*)

Maria: é a Ema. Localiza-me o Bovary. Está a ouvir uma comunicação? Sozinho ou acompanhado? Sozinho. Óptimo. O *coffee break* é logo a seguir? Óptimo. Vais trazê-lo aqui o mais discretamente que te for possível. A gente espera. Atençãozinha: discrição máxima. Sim, durante o *coffee break*. É a melhor altura. Tchau! (*para as outras*) Pronto, eu trato do Bovary.

Lolita
: E quanto ao Jorge? Outro que é preciso convencer...

Rosa
: Neste caso, o problema é ele.

Ema K.
: Sim, Luísa é sensível ao modo como ele se comportou quando a viu doente. Na carta dela, percebe-se muito bem.

Eva
: O Eça, aqui para nós, foi muito leviano.

Rosa
: Leviano, é favor.

Lolita (*para Eva*)
: Leviano em que sentido?

Eva
: Ao recusar um desfecho positivo para o romance.

Rosa
: Eu acho que foi mais moralista, sei lá. Seguiu as pisadas do Flaubert. Matou a adúltera.

Lolita
: Aliás o Tolstoi fez o mesmo. Muito gostavam eles de matar a adúltera. Tratantes!

Eva
: Aprenderam todos pela mesma cartilha.

Ema K.
: Não batam mais no Eça. Já levou tanta "pancada" na sessão de boas-vindas. Saiu-se sempre bem, hã?! Sempre em pé, ali. Firme que nem uma rocha. Essa é que é essa. (*riso*)

Eva
: Deixa-te de trocadilhos impróprios de uma presidente. O Eça teve a faca e o queijo na mão para reconciliar marido e mulher. Num dado momento, houve condições. Ele, para perdoar, ela, para ser perdoada.

Ema K.
: Não vejo as coisas assim. Quis ser anticonvencional.

Eva
: Ora aí é que bate o ponto. Ao fazer-se passar por anticonvencional, o Eça foi o mais convencional possível. Matou-a e arrumou facilmente a questão. Com a *Madame Bovary* na mira, claro.

Ema K.
: Vê-se logo que és anti-Eça.

Eva
   Sou pró-Camilo. É crime?

Ema K.
   Foi pena o sorteio não ter contemplado o Godofredo do *Alves & Companhia* em vez do *Basílio*. E aí, sim, já contaríamos com um Eça genuíno e mesmo com uma arquitectura de conflitos mais à feição do nosso programa. O Godofredo é aquela santa alma...

Eva
   ... que ferve em pouca água. Um fofo, no limite.

Lolita (*procurando apressar os saneamentos*)
   Podíamos sanear já o Bentinho. Depois da carta de Capitu, deixou de fazer sentido ele continuar no nosso projecto.

Ema K.
   Eu até acho que nesse cavalheiro havia margem de manobra para o levarmos a mudar de opinião. A escovadela com que o Jorge o brindou forneceu-me pistas interessantes. Na ponta final da disputa senti-o vacilar.

Eva
   Chocaríamos, porém, na intransigência de Capitu. A carta de Capitu é um documento arrebatador. Que carácter forte, o daquela mulher. Sabe muito bem o que quer.

Rosa
   Tê-la como sócia honorária é uma honra para nós.

Ema K.
   Bentinhos, há muitos, Capitus, há poucas. Conservemos Capitu.

Lolita (*triunfante*)
   Clifford, Daniel Trigueiros, Teodoro e Bentinho, rua!

Eva
   E vão quatro. Estamos aqui, estamos no Plano B.

Rosa
> O que fazemos com o Jorge?

Ema K.
> O Jorge é um daqueles figurões com quem talvez seja possível um compromisso.

Eva
> A Luísa parece estar pelos ajustes.

Ema K.
> Ele não será alheio, segundo creio, aos termos da carta dela. Mas exigir-lhe-á, quase de certeza, que esqueça por completo o Basílio. E é aí que a porca torce o rabo.

Lolita (*ansiosa por sanear mais um*)
> Fica então em *stand by*, o Jorge?

Ema K.
> Fica em *stand by* até ver. Nas próximas horas decidiremos. Há que abordá-lo no momento certo. No meio de um anedota ou de um conto das suas peripécias no Alentejo.

Lolita
> Já há quatro excluídos e meio. Como disse, e bem, a Eva, abeiramo-nos do Plano B. Porque se o Jorge roer a corda e o Bovary não conseguir superar as exigências da Ema, adeus minhas encomendas. Passa a restar-nos o bom do Alexei para salvarmos a honra do convento. Como a Ana Karenina ainda nada disse, o que se passa no concreto é que, neste momento, atingimos tecnicamente o grau zero do Plano A, estando mesmo em risco iminente o Plano B.

Rosa
> Lá se vai por água abaixo o grande objectivo delineado para a I Convenção da Personagem Comparada: cooptar para o Movimento Feminista Global, como contribuintes passivos, na luta pela emancipação da mulher ocidental, alguns dos mais célebres cornudos da Literatura universal.

Ema K.

    Que pessimista, Lolita. Ainda não queimámos os últimos cartuchos. Aí vêm a Maria e o Bovary. Faço as apresentações e depois vocês somem-se. Quero-o absolutamente à vontade.

QUADRO IX

Mesmo cenário

(*Ema K. acolhe Carlos Bovary no gabinete, depois de o ter apresentado às restantes membros do Comité, que saem*)

Ema K. (*convidando Carlos Bovary a sentar-se, por gestos, preparando-lhe a cadeira*)
Diga-me, Carlos: a Convenção corre bem? Pelas comunicações têm tido interesse? Os debates têm sido acesos, mornos...?

Carlos Bovary (*encomiástico*)
A Convenção está a exceder as minhas expectativas. Gente muito bem informada, muito competente... E a nova geração ávida de conhecimento... Pessoas antigas mas também muita cara jovem e bonita... Tudo a começar e a fechar à hora prevista. Tinham-me dito que vocês, os portugueses, em matéria de cumprimento de horários...

Ema K.
Oh Carlos, não dê ouvidos a todos os boatos e anedotas que correm sobre os portugueses. Há de tudo.

Carlos Bovary
Estou muito bem impressionado, Ema K., muito bem impressionado. Os debates, disse? Oh, os debates têm sido do melhor. É uma temática muito abrangente, sabe? Não há ninguém que não encontre uma palavrinha para dizer a respeito. E considerações muito acertadas, muito pertinentes. Tenho aprendido imenso. Mas então, Ema, disse-me a Maria...

Ema K.
...que eu queria falar consigo em privado.

Carlos Bovary
E é algum género de conversa que impeça a partilha com os restantes membros da Comissão de Honra, para ter sido praticamente sequestrado?

Ema K.
Oh, não, Carlos, nada disso. É mais um conselho. Enfrentamos dificuldades inesperadas a poucas horas da sessão plenária da Convenção.

Carlos Bovary
Se é só um conselho...

Ema K.
Imaginámos uma grande jornada de reconciliação e o que temos é um acirrar de animosidades que, graças a um erro de avaliação, considerámos extintas. Fomos ingénuas.

Carlos Bovary
Eu bem avisei, quando da minha intervenção na sessão de boas-vindas. A paz era pouco provável.

Ema K.
Houve excesso de confiança da minha parte, ao afirmar que elas queriam a paz. Acontece que elas não querem a paz, Carlos Bovary.

Carlos Bovary
Ai não? Então tudo bem. Para nós é igual. Quer se queira quer não, o nosso lugar na História está garantido. E sentimo-nos cada vez mais confortáveis na nossa pele, apesar do lastro calunioso que subsiste.

Ema K. (*vincando as palavras*)
Isso é o que está no tema da Convenção; e na nossa determinação de dar realce à vossa real importância.

Carlos Bovary (*paternalista, sentencioso*)
Sabe, Ema, o tempo corrige, às vezes de forma magistral, o papel de maus da fita que nos coube desempenhar no palco dos encontros e dos desencontros da vida.

Ema K.
Acredito.

Carlos Bovary (*pesando as palavras*)
Tenho ouvido dissertações comoventes, a meu respeito, nesta Convenção, reflectindo pontos de vista inimagináveis há uns tempos atrás. Ao ponto de me perguntar: será mesmo de mim que falam desta maneira? Sou mesmo eu quem está a ser tratado com esta benevolência, esta justeza de análise, esta compostura? Fiquei fascinado, Ema K., completamente fascinado.

Ema K.
Sinto-me feliz por si, Carlos.

Carlos Bovary
Muito obrigado, Ema. Diga-me lá então: o que é que aconteceu para que se desse essa reviravolta de que fala? O que é que elas pretendem? O que é que as megeras reclamam?

Ema K.
Tento na língua, Carlos. As mulheres das vossas vidas são todas sócias honorárias da nossa Organização. Embora quase em cima da hora, pusemo-las ao corrente da nossa intenção de que vos queríamos como "contribuintes passivos" – mas cuja contribuição é notável – para a emancipação da mulher no Ocidente.

Carlos Bovary
E em relação Madame Bovary, que hei de eu fazer para lhe ser prestável a si, Ema K.?

Ema K.
Cortejá-la.

Carlos Bovary
Pede-me o impossível. Nem sequer disponho das coordenadas dela. Amo-a ainda, e depois? Isso significa alguma coisa?

Ema K.
Ai, eu acho que sim.

Carlos Bovary
Porventura deixei de ser para ela um chato, um falhado, um *connard*?

Ema K. (*em tom encorajador*)
Pense positivo.

Carlos Bovary
Eu penso sempre positivo. Sou realista. Penso com os pés assentes no chão. Diga-me, Ema K., dispõe de algum indício de que essas premissas se alteraram?

Ema K.
Quanto às coordenadas, deixe connosco. Vivemos na era da comunicação instantânea. Quanto às premissas, apreciaríamos um esforço da sua parte para as modificar.

Carlos Bovary
E o que lhe diria? Sim, o que tenho eu a dizer-lhe que ela não o saiba já?

Ema K.
Informava-a do seu sucesso aqui em Lisboa. A reavaliação ensaística da sua função de personagem. A revisão histórica do seu papel no romance acalentada pelas novas gerações...

Carlos Bovary (*céptico*)
Ema K.: sejamos práticos. Referindo-se a mim, que termo ou termos usou ela na correspondência que trocou convosco?

Ema K.
Chamou-lhe... deixe ver se me lembro... "manso". "Manso" ou "Mansarrão", por aí.

Carlos Bovary
E mais?

Ema K.

E mais… (*pausa, como a medir as palavras*) Que se sentiria ofendida se a Convenção viesse a homenageá-lo.

Carlos Bovary (*meio zangado*)

Chega. Eu sei que ela pensa que eu tenho um espinhaço de borracha. E você, Ema K., pensa se calhar o mesmo. Senão não estaríamos a ter esta conversa. Pois se enganam redondamente.

Ema K. (*em tom conciliador*)

Carlos, proteja-se das palavras insensatas. Sou sua amiga e admiradora, sempre o fui. Quis muito que tivesse vindo.

Carlos Bovary (*meio convencido, meio zangado*)

Gostava de lhe ser prestável mas não posso fazer nada. Nem condições há para uma trégua, quanto mais para a paz. E você, no seu papel de intrometida, também não fica muito bem na fotografia.

Ema K.

Carlos, está a insinuar coisas que nunca me passaram pela cabeça.

Carlos Bovary (*simulando incredulidade*)

Oh! Oh! Não me venha com essa!

Ema K.

Você é um das nossas maiores referências. A sua designação para porta-voz da Comissão de Honra só prova a estima em que é tido pelos seus pares. É uma figura... incontornável.

Carlos Bovary

Deixe-se de lugares comuns! Pare de me bajular.

Ema K.

Deixe-se mas é você de complexos de inferioridade.

Carlos Bovary (*sarcástico*)

A levantar-me o moral…

Ema K. (*teimosa*)
E depois? Será que não é meu dever explorar uma *nuance*, na atitude de uma delas, favorável às nossas pretensões?

Carlos Bovary
E quem é ela?

Ema K.
A sua Ema. Por isso lhe digo que gostava de contar consigo, com a sua ajuda.

Carlos Bovary
Não vejo como, mas desembarace lá o negócio.

Ema K.
É assim: enquanto Constance e Capitu ameaçam forte e feio largar o Movimento caso haja alguma complacência para com os "seus" homens, Madame Bovary ficaria simplesmente "ofendida". O-fen-di-da! Só e apenas. Percebe onde quero chegar? Há uma luzinha ao fundo do túnel.

Carlos Bovary
Se há uma luzinha, só você a divisa, *ma chérie* – posso tratá-la por *ma chérie*?

Ema K.
Claro que pode, Carlos.

Carlos Bovary
Sei que o tratamento a molesta.

Ema K.
Depende. Do autor e do tom. Consigo, estou à vontade.

Carlos Bovary
Pois essa luzinha, querida Ema K., que você vislumbra, cintilando, ao fundo do túnel é para mim o escuro absoluto. O nosso caso mereceria uma mediação demorada e nem você nem a sua equipa estão à

altura de resolver em poucas horas um trabalho de aproximação das partes que levaria anos. Quanto a dirigir-me directamente a minha mulher, está fora de questão. Ponha o caso em si.

Ema K. (*pensativa*)
Sendo assim, a nossa "excepção" de pouco servirá.

Carlos Bovary
Ah, porque já há uma excepção... Pode saber-se quem é? Ou é segredo?

Ema K.
A Luísa.

Carlos Bovary
A Luísa do *Primo Basílio*?

Ema K.
Luísa, não temos outra. É, até agora, a nossa única aliada.

Carlos Bovary
Aí é preciso que o Jorge...

Ema K.
Também contávamos consigo para lhe dar uma palavrinha, Carlos.

Carlos Bovary
Ah, não! Ah, não! Pede-me outra vez o impossível. Somos criaturas altivas. E logo o Jorge, tão difícil de mudar de opinião, tão senhor do seu nariz, tão assustadoramente português.

Ema K.
O Carlos era a minha grande esperança!

Carlos Bovary
A Ema K. é uma idealista. Enfrente a realidade. O nosso contencioso com essas senhoras não pode ser resolvido com cunhas de ocasião.

Ema K.
Vocês parecem ser tão amigos.

Carlos Bovary
Concordo que há sintonia entre mim e ele. (*resistindo*) Conheço pessoalmente o Jorge há horas. Gosto muito de si, Ema K., mas cunhas, cunhas não!

Ema K.
Não era bem uma cunha… A leitura que fazemos da situação do Jorge é a de que ele estaria disposto a perdoar caso ela esquecesse por completo o Basílio.

Carlos Bovary
E depois? Que tenho eu a ver com isso?

Ema K.
O pequeno favor que lhe pedíamos, Carlos, era o de convencer o Jorge a deixar cair esse irrelevante pormenor.

Carlos Bovary
Pormenor? Irrelevante? Considero-o a pedra de toque, minha linda senhora, a pedra de toque. E chama então a isto um pequeno favor?

Ema K.
É o único ponto em que a Luísa não cede. Acha que alguma mulher pode esquecer um homem com quem um dia foi feliz?

Carlos Bovary
Bem, bem, é-me difícil interferir junto de terceiros para que capitulem. São questões pessoais muito específicas em que cada caso é um caso. Falta alguém responder?

Ema K.
A Ana Karenina.

Carlos Bovary
Acha que o fará em tempo útil?

Ema K.
Pelo menos prometeu.

Carlos Bovary
Talvez o Alexei...

Ema K.
Talvez...

Jorge (*entrando inopinadamente no gabinete*)
Carlos Bovary! Fartei-me de andar à tua procura, homem! Onde raio te meteste? Não te vi no *coffee break*. A porta estava entreaberta, resolvi espreitar, e aqui te apanho a conspirar com a nossa presidente. Posso? Não venho interromper nada...?

Carlos Bovary (*dirigindo a Ema K. um olhar cúmplice*)
Entra, entra, homem. Não vê inconveniente, pois não, Ema K.? Senta-te aqui um instante. A presidente tem uma questão para te pôr.

Jorge (*sentando-se*)
A mim? E por quê?

Ema K.
Era para lha colocar daqui a bocado. Já que entrou e se sentou...

Jorge
Saio imediatamente, se for preciso.

Ema K.
Deixe-se estar. Mais tarde ou mais cedo teríamos de falar. Aproveitemos a ocasião.

Carlos Bovary (*subitamente mediador, colaborante*)
Eu abrevio: Estas senhoras do Comité Executivo preparavam-nos uma homenagem no final da Convenção quando esbarraram num formidável obstáculo: as nossas mulheres.

Ema K. (*acentuando*)
Que são todas sócias honorárias do Movimento Feminista Global.

Carlos Bovary
A entidade que está por trás disto...

Jorge
Eu sei.

Carlos Bovary
Pois essas fêmeas cruéis ameaçam com represálias caso siga por diante o propósito de ser injectado, nesta Convenção, algum ânimo nos maridos desfeiteados.

Jorge
As cabras! Mas elas acham-se em condições de exercer represálias?

Carlos Bovary
Homem, mandaram recado de que deixarão de ser sócias honorárias do Movimento Feminista Global se a Convenção nos puser nos píncaros. Já te apercebeste da dimensão do escândalo, do enorme eco de uma *revanche* destas? O que nos consola é que há pelo menos uma excepção.

Jorge
Ai há uma excepção?

Carlos Bovary
A excepção, até à data, é a Luísa.

Jorge (meio incrédulo)
A *minha* Luísa?

Carlos Bovary
Não há cá mais ninguém com esse nome, que eu saiba. A tua Luísa terá dado a entender, por carta, que gostaria de ser perdoada pelo seu "mau passo", mas sem a pressão dos acontecimentos do romance; o desmaio, a doença, a morte, etc. Que me dizes tu?

Jorge
　　Em que é que uma tal cedência da minha parte nos ajudaria?

Carlos Bovary (*irónico*)
　　Não fales em cedência, homem. Estas senhoras não defendem que cedamos no que quer que seja. Não é verdade, *ma chérie*, que não se trata de nenhuma cedência?

Ema K.
　　Não, não se trata de nenhuma cedência… unilateral. É antes uma espécie de contrato.

Carlos Bovary
　　Bem, um contrato com uma cláusula um tanto ou quanto especial. Ela mostra-se incapaz de deixar de pensar no Basílio. Aquilo a que esta senhora chama um irrelevante pormenor.

Jorge (*puxando CB para o lado e falando baixo*)
　　Irrelevante? Ai a presidente acha que é irrelevante? E pormenor?

Carlos Bovary
　　Acha.

Jorge
　　(*em aparte, ainda falando baixo*) Eu lhe dou o irrelevante. E o pormenor. (*em voz alta*) Fica tudo na mesma. Ela nunca esquecerá o Basílio e eu dispenso uma reconciliação torturada. Ficaria mais uma vez a perder e, como sabeis, não sou um perdedor nato.

Carlos Bovary
　　Elas afinal não querem a paz.

Jorge
　　Guerra é guerra.

Ema K.
Foi enorme o esforço do Comité para conciliar todos os interesses em campo. Trabalhámos no limite. Não merecíamos isto. Apostámos no factor surpresa. Bem arrependidas estamos.

Carlos Bovary
O Comité disporá de inúmeras oportunidades para mostrar a sua garra. Em todo o caso aprendam as senhoras a lição: cortem o passo ao improviso. Planifiquem e executem tudo a tempo, com tempo. No futuro, atirem às malvas o factor surpresa.

Ema K.
Como disse, Jorge, era meu intuito abordá-lo mais tarde. Esperávamos a resposta da Karenina para depois vermos se valeria a pena contactá-lo, conforme o que ela viesse a decidir. Olhe, calhou. De todo o modo, ficámos a saber que não podemos contar consigo. Ao menos adiantámos serviço. E passámos a conhecer um pouco melhor a natureza humana.

Levantam-se e encaminham-se para a saída

Carlos Bovary (*puxando Ema K. pelo braço e dizendo em voz baixa*)
Eu não lhe dizia? Eu não lhe dizia que por este atalho não chegávamos a lado nenhum? Dei o meu melhor, *chérie*. O meu melhor.

Ema K.
Afinal sempre se esforçou, Carlos. Foi bonito. Obrigada.

Carlos Bovary
Foi por acaso, Ema. Mero acaso. Gostei de a ajudar. Em vão, como já calculava. Foi um prazer, mesmo assim.

Jorge (*alheio à alusão decepcionada de Ema K.*)
Bem, Carlos. E se fôssemos dar um giro por aí?

Carlos Bovary (*bem-humorado*)
Pois sim. Está um dia tão bonito. Há o perigo de encontrarmos o Eça ao virar da esquina?

Jorge
A *Havaneza* fica longe. E que nos quereria o Eça, a uma hora destas? Já falámos o que tínhamos a falar.

Carlos Bovary
Precisa de mais alguma coisa de nós, Ema?

Ema K.
De momento, é tudo. Grata pela vossa disponibilidade.

Jorge (*mordaz*)
Mande sempre.

Carlos Bovary
Até já.

QUADRO X

Jorge, Alexei e Carlos Bovary passeiam tranquilamente pelos espaços ajardinados contíguos ao Palácio dos Congressos

Jorge
    Então Alexei, a Convenção, que tal?

Alexei
    Tenho passado pouco tempo lá. Durante a presidência da minha mesa, gostei do que ouvi. Estamos na mó de cima, verdade?

Jorge
    Anda alguém a querer tramar-nos.

Alexei
    A nós?

Jorge
    A nós.

Alexei
    Nós fomos convidados. E ainda por cima sorteados. Não nos pusemos ao jeito. Mandaram-nos vir.

Carlos Bovary
    Não é da parte da Organização. A organização tem sido impecável. É da parte das nossas bem-amadas adúlteras.

Alexei (*estupefacto*)
    Ah, sim? O que raio andam elas a magicar?

Jorge
    Intentam impedir que sejamos homenageados pela Convenção, em reconhecimento do nosso papel na emancipação...

Alexei
... da mulher ocidental. E que temos a ver com isso?

Carlos Bovary
É que elas são sócias honorárias do Movimento Feminista Global.

Jorge
A entidade promotora...

Alexei
... da Convenção. Parem de fazer chover no molhado. Eu li os papéis, rapazes. Ouvi o discurso de boas-vindas. Sei quem manda nisto. Acelerem.

Carlos Bovary
Ameaçam demitir-se de sócias honorárias caso emane da sessão plenária qualquer moção, deliberação ou recomendação que vise ao louvor do nosso mítico sacrifício.

Alexei (*mostrando estranheza*)
A Ana também?

Carlos Bovary
Falta a Ana. Prometeu tomar posição. Ema K. espera a todo o momento a chegada do depoimento da Ana.

Jorge (*para Alexei*)
Não te espantes se Ema K. ensaiar contigo um número de charme para que tu e a Ana se reconciliem.

Alexei (*explicando-se*)
Eu perdoei-lhe, meus caros... À minha maneira, é certo. Com muitas condições de permeio, reconheço. Era preciso evitar o escândalo. Cheguei a ponderar o duelo. O duelo... Que hipóteses tinha um ministro sedentário como eu contra um felino oficial do exército no activo? À pistola ou à espada, que hipóteses tinha eu? Os duelos são muito bonitos mas é quando entre os que decidem

bater-se há cinquenta por cento de possibilidades de sobrevivência para cada um.

Carlos Bovary (*distraidamente*)
Logo, o duelo ficou fora de questão.

Alexei (*desconfiado*)
E censuras-me por isso?

Carlos Bovary
Quem é que te está a censurar, homem? Então não fiz o mesmo? Nem levantei a lebre.

Alexei
Eu estava claramente em desvantagem e não queria dar aos amantes qualquer pretexto para se verem livres de mim de uma maneira tão banal e espalhafatosa. De modo que a minha proposta foi a que vocês sabem, camuflar, abafar, fingir que não era nada comigo, manter as aparências. Eles que dessem as cambalhotas que quisessem, mas recatadamente, secretamente, até, quiçá, segundo um programa concertado comigo. E nunca em minha casa. Dessa proibição não abdicava, *kanieschna*.

Carlos Bovary
Só calar a criadagem...

Alexei
Só calar a criadagem era um bico de obra. Era uma exigência justa, não? Que fazer a braços com dois loucos um pelo outro, cegos de luxúria, cujo fito não consistia em evitar o escândalo mas sim torná-lo público, ostensivo, célebre? Não perdoei, eu? Cheguei tão longe nas concessões e não perdoei? Esta gente leu o romance de viés. Ela é que nunca me perdoou as orelhas de abano.

Jorge
Como se nós pudéssemos escolher o molde das orelhas ao nascermos.

Alexei
Como se as orelhas não tivessem aquela configuração quando casámos. Precisou de oito anos para embirrar com elas. Onde é que isto já se viu?

Jorge
Ela só reparou no feitio das tuas orelhas quando o Vronski se lhe atravessou no caminho. Até então só te encontrava virtudes. Eras perfeito.

Alexei
E vocês? Já foram contactados?

Jorge
Há escassos minutos. Quando te encontrámos vínhamos de uma reunião com Ema K.

Alexei
E...?

Carlos Bovary
Tanto eu como o Jorge não vemos motivo para que haja alteração ao estado de briga sustentada em que vivemos há mais de um século.

Jorge
A Luísa quer uma paz negociada. Declara-se incapaz de esquecer completamente o Basílio, pelo que eu deveria aceitar essa cláusula num hipotético acordo. Ora transigir seria reforçar, em vez de suavizar, o meu estatuto cornífero. Cornudo por cornudo, prefiro estar como estou.

Alexei (*para Carlos Bovary*)
E a tua?

Carlos Bovary
Continua a tratar-me por "manso".

Alexei
O adjectivo causa-te incómodo, presumo.

Carlos Bovary
Vindo dela, sim.

Alexei
Pois eu sou sensível às razões da Luísa. Se bem se lembram, quando perdoei a Ana, fiz jus à sua sinceridade. Infelizmente não soube portar-se ao nível da minha generosidade, enfiando o Vronski lá em casa.

Jorge
A tal exigência inegociável.

Alexei
Por assim dizer a única condição, repito, relativamente à qual eu era irredutível. Ao transgredi-la, Ana fez do meu laborioso plano letra morta. Rejeitou-me até como cúmplice. A Luísa, se bem percebo, quer, além de um marido, um cúmplice.

Jorge (*nervoso*)
Um compincha com quem partilhe a memória das poucas vergonhas que fez com o primo. Alexei, por favor. A minha decisão está tomada.

Carlos Bovary
A ameaça de se demitirem de sócias honorárias é uma vergonhosa chantagem.

Jorge
Uma ameaça canalha. Digna delas, aliás. Com a repercussão que estas coisas hoje em dia têm…

Carlos Bovary
Uma provocação sem nome.

Alexei
Terão receio de que lhes disputemos o prestígio de desavergonhadas ilustres, agora que a função do cornudo na estrutura dos romances começa enfim a suscitar interpretações inteligentes, independentes, abonatórias, vamos?

Carlos Bovary
Não sei o que querem elas mais. Têm sido tratadas como verdadeiras celebridades.

Jorge
Espera aí, Alexei! Há instantes falámos das tuas orelhas sem que tenhamos olhado para elas. E ontem, na sessão de boas-vindas, tão pouco. Que é feito das tuas pilosas orelhas de abano? Foste operado?

Alexei (*impante*)
Estava a ver que não reparavam.

Carlos Bovary
Oh, que orelhas magníficas. As duas muito certinhas, muito coladas à cabeça, politicamente correctas. Como se deu o milagre?

Alexei
Submeti-me a uma delicada intervenção cirúrgica. Correu muito bem. As plásticas que actualmente se fazem dão-nos uma alma nova.

Jorge
Por isso andas tão bem-disposto.

Alexei
Vocês devem ter-se apercebido de que o meu estado de espírito habitual não é o descrito pelo Tolstoi no livro.

Carlos Bovary
Sim, tenho reparado.

Alexei
Estou jovial, menos crispado, menos crítico, cheio de confiança na humanidade. Toda esta transformação se deve à emenda da minha pequenina diferença.

Jorge
E a Ana sabe?

Alexei
   Ignoro.

Carlos Bovary
   A Ema K. sabe?

Alexei
   Essa, sim. Foi a primeira pessoa, em Lisboa, a notá-lo. Deu-me os parabéns. Disse adorar as minhas orelhas. E foi mais longe: com estas orelhas, Ana Karenina jamais me teria traído, disse, muito convicta.

Jorge
   Gostaste então de ouvir a presidente elogiar-te as orelhas novas.

Alexei
   Pois gostei. Achas mal? É um amor. Uma simpatia. E empenha-se no que faz. É o motor desta organização toda.

Carlos Bovary
   É muito provável que a Ana já saiba.

Alexei
   Achas que sim?

Carlos Bovary
   As mulheres da organização esperam e desesperam por uma saída para a crise. Ao trunfo das tuas orelhas regeneradas chamaram-lhe um doce. É cá um palpite.

Alexei
   Pois que esperem e desesperem. Estamos unidos. Firmes que nem rochas.

Carlos Bovary
   Firmes!

Jorge
   Que nem rochas!

   Fim do 2º Acto (*cai o pano*)

3º ACTO

Domingo. Último dia da Convenção. No Gabinete operacional fazem-se os derradeiros preparativos para a sessão plenária. Mais tarde, as cenas finais decorrem no Palácio dos Congressos, com a entrega do troféu Corno de Oiro.

QUADRO XI

Rosa (*eufórica, entra na sala acenando com o* print *de um* e-mail)
   Notícias de Ana Karenina! Notícias! Liguem à Ema. Que se apresente imediatamente no quartel-general!

Lolita (*ligando a Ema K. por telemóvel*)
   Ema! Está, Ema! Vá lá, Ema, atende. Atende-me o telefone, gaita. Bolas!, Ema K. Precisamos de ti. Está, Ema? Uff! Até que enfim. É a Lolita. Temos a Ana. Onde quer que estejas, larga o que estás a fazer e apresenta-te. Não, ainda não li. Mas a Rosa está a piscar-me o olho e de polegar levantado. Não te demores, vá.

Eva
   O que diz a Ana?

Rosa
   É muito lacónica. Diz que podemos contar com ela. Recomenda que nos asseguremos do sinal do satélite; lerá uma comunicação no sistema de videoconferência, às cinco da tarde, na sessão de encerramento. Não atacará o Alexei, muito ao contrário. Espera obter dele novo perdão, desta vez definitivo. Afiança estar ciente do tipo de armas a usar para o demover.

Lolita (*com teatral alívio*)
   Salvou-se o Plano B.

Rosa
   Deita foguetes antes da festa e depois queixa-te. O Alexei é frio, calculista, baço. Já deve ter sopesado as eventualidades desagradáveis. Cuidado com o Alexei.

Ema K. (*irrompendo, esbaforida, pelo compartimento*)
   (*para Rosa*) Passa-me o *print* (*demora-se uns segundos numa leitura rápida*)
   O Plano B tem hipóteses.

Eva
A Lolita também acaba de dizer o mesmo. Receio ser um tanto ou quanto prematuro descartar o *agréement* prévio do Alexei…

Ema K. (*enérgica*)
Deixemos o Alexei entregue à Ana. Ela criou-nos expectativas, deve saber o que faz. O plano B não está fixe? Pois vamos actuar como se estivesse. Arriscamos. O que é que pode acontecer? Falharmos? E a nossa consciência tranquila? Vale muito. Mãos à obra. Rosa!

Rosa
Sim, Ema.

Ema K.
Trata da reserva do sinal de satélite para as dezassete e manda um *mail* à Ana concedendo-lhe quinze minutos, que ela usará à vontade.

Rosa
Só assim? E umas palavrinhas especiais? Tuas?

Ema K.
Inventa qualquer coisa. Foste contratada para isso. Eu assino. Deixa-te de floreados, na sessão de encerramento agradecerei *comme il faut*. Desenrasca-te. Lolita!

Lolita
Às tuas ordens, Ema.

Ema K.
Começa a redigir as conclusões. A Marta mais as suas meninas que vão recolhendo os textos das últimas comunicações e tos deixem à medida que forem sendo apresentados.

Lolita
O trabalho está meio alinhavado. Se ninguém se atrasar, no final da manhã a Comissão de Redacção das Conclusões terá a papinha feita por esta dedicada escrava. Em meia hora de reunião, a Comissão poderá fechar a loja.

Ema K.
> Óptimo! És um amor, Lolita. Acelera, Lolita, e teu será o reino dos céus. Eva!

Eva
> Presente!

Ema K.
> Eva, prepararás comigo o discurso da sessão de encerramento. Uma coisa breve. Mas em que se dê ao Plano B um relevo como se do Plano A se tratasse.

Eva
> E que faço aos rascunhos do discurso do Plano A?

Ema K.
> Lixo! Aproveita o que puderes e o resto, lixo. Nada de papelada inútil a atrapalhar. Lixo, não vá alguma folha vadia aparecer onde não é chamada.

Rosa (*ao telefone*)
> Ema, vou passar-te um telefonema da Presidência.

Ema K.
> Passa-me a chamada.

Uma Voz
> Ema K.?

Ema K.
> A própria.

Uma Voz
> Vou ligar ao Senhor Presidente.

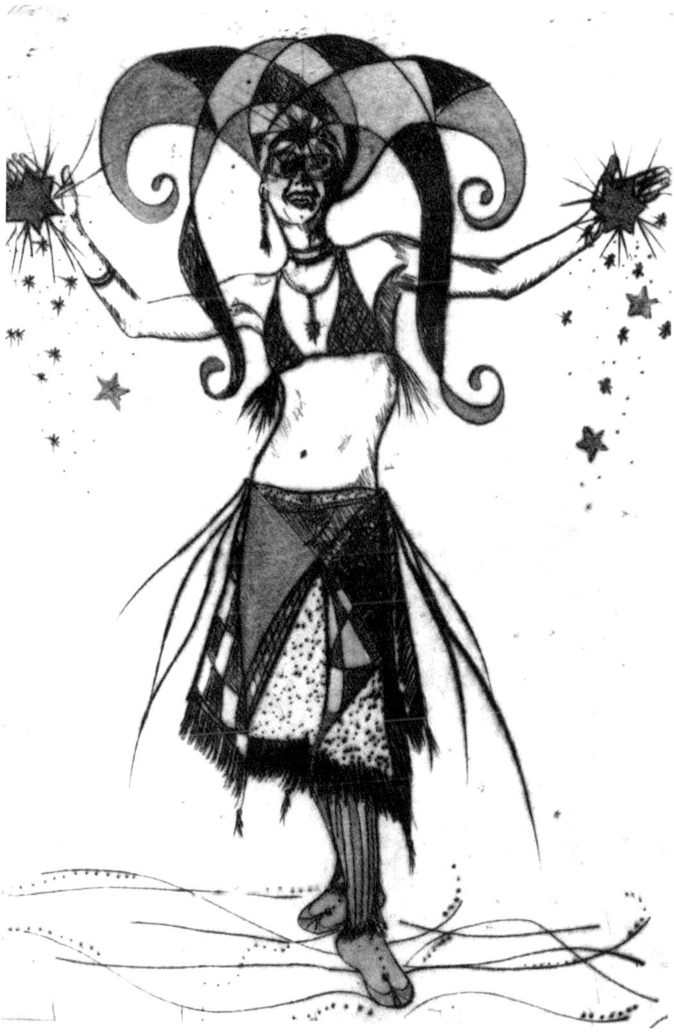

QUADRO XII

A cena mostra exclusivamente Presidente e Ema K. ao telefone

Presidente
  Ema K.?

Ema K.
  Como está, Senhor Presidente?

Presidente
  Bem obrigado. E a senhora?

Ema K.
  Cheia de trabalho, Senhor Presidente.

Presidente
  Vou deixá-la trabalhar. Tomo-lhe apenas uns minutos.

Ema K.
  Como queira, Senhor Presidente.

Presidente
  Sigo direito ao assunto. Não me vai ser possível presidir à sessão plenária da vossa Convenção.

Ema K.
  Como? Como? E por quê, Senhor Presidente?

Presidente
  Os meus assessores de imagem e cultural veem com maus olhos a minha deslocação ao Palácio dos Congressos. Concordo com eles.

Ema K. (*mal contendo a ira*)
  Senhor Presidente...

Presidente
> Poderia invocar uma qualquer emergência de agenda para justificar a minha falta. Consigo, é claro, abstenho-me de recorrer a estratagemas. Atendendo ao apreço que nutro por si e pela sua obra, quis comunicar-lho pessoalmente.

Ema K. (*em pânico*)
> Senhor Presidente: combinei tudo muito bem combinadinho com os seus assessores. Tudo acertado ao pormenor. E vossa excelência em cima da hora dá-me uma nega? (*mentindo*) Em cima da hora e quando a atribuição do *Corno de Oiro* a Alexei Alexandrovitch é um dado adquirido?

Presidente
> Sim, os meus assessores puseram-me ao corrente. Diga-me uma coisa, Ema K., Alexei Alexandrovitch, quem é?

Ema K. (*mostrando-se falsamente chocada*)
> Quem é Alexei Alexandrovitch? Oh, Senhor Presidente! O Senhor Presidente deixa-me sem fala… Era suposto ter lido muito, ultimamente, não? Com tão pouco que fazer no Palácio…

Presidente (*em tom ríspido*)
> E foi o que fiz. O que se passa é que esse Alexei… Alexei…

Ema K.
> Alexandrovitch.

Presidente
> Esse. Nenhum dos meus assessores disse conhecê-lo. Deve ser algum segunda linha e para segundas linhas posso fazer-me representar pelo chefe da Casa Civil. Irá o chefe da Casa Civil.

Ema K.
> Senhor Presidente: tenha calma. Sem este homem, Ana Karenina não existiria; sem este homem, o próprio Leão Tolstoi teria sido um escritor menor; sem este homem esta Convenção seria um fracasso e com ele vai ser um sucesso de repercussão mundial. O que se está a

passar é uma tremenda correcção de perspectiva que conferirá ao marido enganado a qualidade de *pivot* de todos os grandes romances de amor dos dois últimos séculos. Senhor Presidente: se logo à tarde vossa excelência não se encontrar entre nós a entregar o *Corno de Oiro* a Alexei Alexrandrovitch, nesse mesmo instante perderá o comboio da História. Diga-me que não vai desprezar esta ocasião única de estar onde se reescreve a História.

Presidente
O tema é que... Sabe, Ema, o tema, compreende, o tema...

Ema K. (*em tom enérgico, quase zangada*)
Compreendo que um tema destes cause engulhos aos assessores de vossa excelência. Os assessores, acredite, são um perigo. Com alguma imaginação, poderíamos sair do buraco em que, por causa deles, caímos. Com honra para ambos. Permita-me, Senhor Presidente, uma sugestão.

Presidente
E a sua sugestão é...?

Ema K.
Que o Senhor Presidente venha à sessão de encerramento como cidadão comum. Não teria de fazer discurso. Os seus guarda-costas espalhar-se-iam pela sala com o *crachat* de "Participante" ao peito. Tudo muito "à civil". Que me diz?

Presidente (*cordato, depois de uns segundos de silêncio*)
Não me parece mal pensado, não senhor.

Ema K.
Enfatizaríamos o facto de vossa excelência não se achar entre nós como símbolo máximo do Estado mas sim enquanto cidadão comum apenas interessado em privar com personagens tão marcantes da Literatura como Carlos Bovary, Jorge Carvalho, Bentinho, Clifford Chatterley, enfim, os sete magníficos.

Presidente
Parece-me bem achado.

Ema K.(*implorativa*)
Senhor Presidente: lembre-se de que é o Presidente de todos os portugueses. E lembre-se, por exemplo, de que a rainha de Inglaterra anda sempre com um canastrão como o Elton John nas palminhas. Esse... esse *gay* veterano, *habitué* das recepções em Buckingham.

Presidente
É verdade, é verdade...

Ema K.
Portanto não lhe cairão os parentes na lama se entregar o *Corno de Oiro* a Alexei Alexandrovitch, dirigindo-lhe, na oportunidade, umas palavrinhas cordiais. Que me diz, excelência?

Presidente
Vou deixá-la trabalhar.

Ema K.
Deixe-me trabalhar, Senhor Presidente. E não me desaponte. Vale?

Presidente
Dentro de meia hora os Serviços da Presidência transmitir-lhe-ão a minha decisão. Bom dia e bom trabalho.

Ema K.
Até logo, Senhor Presidente.

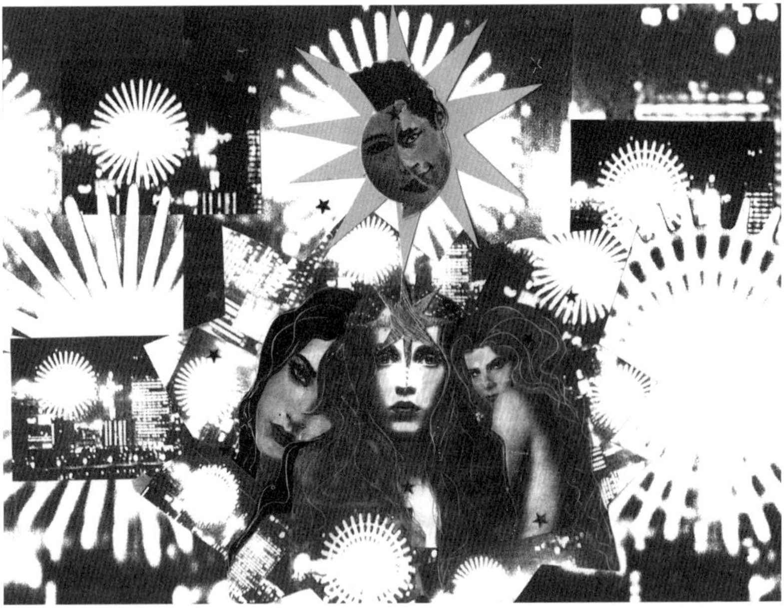

QUADRO XIII

Volta a ver-se a sala do Comité Organizador, onde faltam Rosa, Lolita e Maria

Ema K. (*ao telemóvel*)
   Rosa, chega cá! Traz a Lolita e a Maria. Há uns reajustamentos a fazer no Plano B.

Eva (*inquieta*)
   O Presidente sempre vem?

Ema K.
   Deu-me a entender que sim, que vem. Se vier, não é como chefe de Estado. Também pode fazer-se representar pelo chefe da Casa Civil. Dentro de meia hora sabê-lo-emos.

(*Entram Rosa, Lolita e Maria*)

Rosa
   Cá estamos!

Ema K.
   Falei agora com o Presidente e acho que o consegui convencer a vir cá, à tarde. Dentro de meia-hora manda dizer se sim, se não. Caso apareça, vem como cidadão vulgar de lineu.

Rosa
   E se for oficial?

Ema K.
   Se for oficial, envia representante. Estou convicta de que comparecerá. Mostrou-se interessado, quando lhe falei nos nomes.

Maria
   Vem alguém da Câmara?

Ema K.
Da Câmara, não vem ninguém. Não há Câmara, os candidatos andam por aí em campanha a beijar peixeiras. De lá, disponibilizaram-se para mandar um funcionário "da cultura". Recusei.

Maria
Recapitulando a constituição da mesa...

Ema K.
Então, ao centro o presidente e eu, ao meu lado direito o porta-voz da Comissão de Honra, Carlos Bovary, e depois todos os outros. Atenção ao posicionamento de Alexei Alexandrovitch, que deverá sentar-se no extremo direito da mesa, ao topo, de maneira a poder observar o ecrã da videoconferência, colocado obliquamente no lado oposto, chegado um pouco à frente, como sabes.

Maria
Mais.

Ema K.
Nas duas primeiras filas da plateia sentar-se-ão os notáveis nacionais e os convidados internacionais e logo a seguir participantes e jornalistas. A partir da sexta fila, o público em geral.

Maria
Muito bem.

Ema K.
Tu, Maria, faz já uma lavagem ao cérebro às assistentes para que às quinze e quarenta e cinco tudo esteja a postos, tudo testado. Atenção às flores, placas de identificação dos membros da mesa, águas, cinzeiros, microfones. Aperta com os técnicos para que nada falhe em matéria de luz e som. E na assistência às Rádios e às Televisões. E pronto, Maria, a bola está do teu lado.

Maria
O.K., Ema. Se tiver alguma dificuldade, ligo-te.

Ema K.
Olha, esquecia-me: o nosso fotógrafo e o operador de vídeo?

Maria
Eu tinha presente, Ema. Fica tranquila. Há de correr tudo bem. Sou uma militante do Movimento mas também sou uma das melhores operacionais da Agência. Ou já o esqueceste?

Ema K.
Confio em ti a cem por cento. Rosa: pelo sim, pelo não vai já arranjando uma nova placa de identificação do Presidente: Professor Doutor, etc. Prepara para a Maria as nossas lembranças, cuja entrega será feita por uma assistente a cada um dos convidados de honra. Espero que eles gostem das miniaturas do *Corno de Oiro*, em filigrana.

Ema K.
Lolita: além do que já falámos, às treze, em ponto, acabas com as comunicações e debates. Nem que seja à bruta. Nem que cortes a corrente. Sobretudo no tempo reservado a debates, há sempre a tentação de esticar a corda para lá da hora.

Lolita
Já me conheces. Não vou perder por nada deste mundo a oportunidade de exercer o meu quinhãozinho de poder. Ficarão a saber quem sou eu.

Ema K.
Belo! Tu, Eva, ficas ao pé de mim a dar cabo da papelada que for chegando: telegramas, *e-mails*, cartas, etc. Às treze e trinta, almoço. Às catorze e quarenta e cinco, todas aqui. Alguém tem de tratar dos guarda-costas do Presidente. *Crachat*, pasta com os nossos documentos, etc. Vão andar por aí disfarçados de "participantes". Trata tu deles, Rosa. Combina com os seguranças do Palácio. E agora mexam-me esses vossos grandes rabos. Que Deus ou o Diabo, consoante aquele em que acreditardes, proteja-vos.

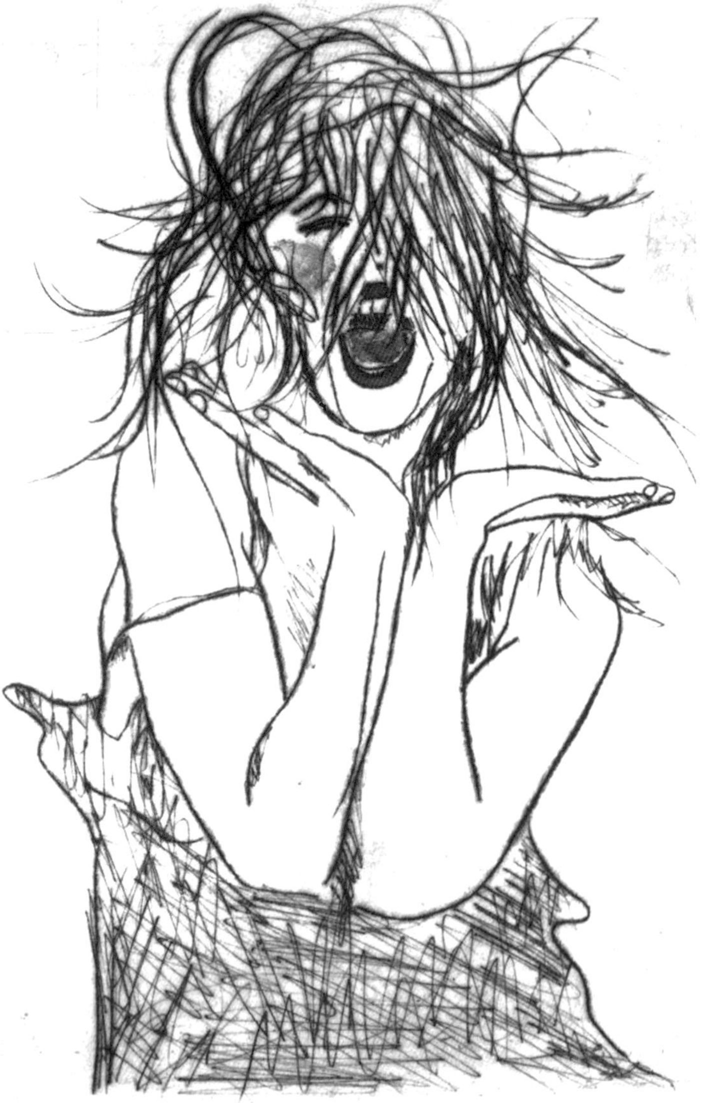

QUADRO XIV

A sessão de encerramento vai a meio. Na mesa, estão agora somente o Presidente e Ema K. No púlpito, Maria prepara-se para chamar, um por um, os membros da Comissão de Honra, para que tomem lugar na mesa.

Maria
    E agora entramos na recta final desta sessão de encerramento. Para trás ficaram a escolha do tema da próxima Convenção, a designação da coordenadora do Livro das Actas (a publicar, em princípio, até ao final do ano), o magnífico trabalho da Comissão de Redacção das Conclusões. Ficaram também os agradecimentos a *sponsors*, entidades apoiantes, e a todas as colaboradoras e colaboradores responsáveis pelo êxito deste grande evento. Passemos então à parte mais excitante da cerimónia. Vou chamar, uma após outra, as insignes personagens membros da Comissão de Honra, pedindo-lhes que tomem lugar na mesa, nos lugares devidamente identificados.

Maria procede à chamada. Os convidados estão sentados na primeira fila da plateia e à medida que vão sendo chamados levantam-se e tomam o seu lugar à mesa.

    O honesto e modesto clínico de Yonville, Carlos Bovary (de *Madame Bovary*)

Ovação moderada

    O nosso ciumento número um Jorge Carvalho (de *O Primo Basílio*)

Grande ovação

    O nosso ciumento número dois, o suicida Daniel Trigueiros (de *Resposta a Matilde*)

Ovação moderada

O elitista inglês Sir Clifford Chatterley (de *O Amante de Lady Chatterley*)

Assobios e vaias

O ex-seminarista Bentinho (de *Dom Casmurro*)

Palmas (da colónia imigrante brasileira) e assobios (dos queirozianos radicais)

O prudente e pernóstico Teodoro (de *Dona Flor e seus Dois Maridos*)

Só aplausos, frouxos

E finalmente:
O ministro do Czar, Alexei Alexandrovitch (de *Ana Karenina*)

Ovação estrondosa

Chamo Carlos Bovary para que profira algumas palavras em nome da Comissão de Honra.

Carlos Bovary (*é portador de um papel com algumas notas mas fala de improviso, no púlpito*)
Senhores participantes na Convenção da Personagem Comparada, Senhoras do Comité Executivo e do Movimento Feminista Global, Excelentíssimas Autoridades, Senhoras e Senhores.

Os membros da Comissão de Honra desta I Convenção delegaram mais uma vez na minha modesta pessoa a responsabilidade de transmitir o vivo reconhecimento pela calorosa hospitalidade que lhes foi proporcionada em Lisboa, nestes três dias memoráveis. O nível das comunicações foi altíssimo – o livro de actas que será publicado em breve atestá-lo-á sem reservas. O prestígio dos maridos enganados saiu a ganhar da indecente guerra em que, contra sua vontade, os embrulharam. As adúlteras, nossas mulheres, tudo fizeram para que deixássemos as instalações deste Palácio cabisbaixos e feridos na nossa dignidade. Tinham-nos dito que queriam a paz. Afinal, queriam mais guerra. Pois a tiveram e tê-la-ão. Não nos vergaram. Demos resposta condigna a provocações inenarráveis. Mas infelizmente a sua chantagem obrigou o Comité Executivo a não atribuir o troféu *Corno de Oiro* a cada um de nós, como estava previsto no ambicioso Plano A dos organizadores. Nada mais tenho a declarar sobre esta desagradável pendência. Um grande xi coração, um muito obrigado ao Comité, votos dos maiores sucessos para o Movimento Feminista Global. *Au revoir*!

Ovação

(*Ema K. faz um sinal a Maria que esta nao entende de imediato. Maria apercebe-se de que ela se prepara para vir ao púlpito, precipitadamente. Estranha o nervosismo da presidente mas não se descontrola*).

Maria
Peço a Ema K. que se desloque aqui para fazer uma declaração.

Ema K. (*toma lugar no púlpito, Maria afasta-se*)
Obrigada, Maria. Trazia um belo discurso escrito, mas as considerações de Carlos Bovary impõem que fale de improviso, prestando informações úteis aos que me escutam. Desde já agradeço a Carlos Bovary as palavras sinceras que dirigiu ao Comité e ao Movimento. Avisadamente, o Comité, prevendo as dificuldades de atribuição de cornos de oiro a cada um dos sete magníficos da literatura mundial que abrilhantaram esta Convenção com a sua fantástica presença, elaborou um Plano B. O Plano B só seria aplicado caso o plano A fosse embargado pelas adúlteras. Estas ameaçaram retaliar caso os seus obscuros maridos saíssem desta Convenção com o estatuto de estrelas. Eles, por seu turno, barricaram-se na intransigência de sempre. Uns e outras encarregaram-se, pois, de neutralizar o Plano A, pelo que deixámos cair a pretensão delas de serem "lidas" nesta ocasião. Quanto ao Plano B, aguardamos o depoimento prometido por Ana Karenina. A situação está num impasse: Alexei Alexandrovitch, fazendo causa comum com os seus pares, rejeita qualquer espécie de acordo com a mulher. Ana, por seu turno, confidenciou-nos "saber

como convencer o marido". Dentro de três, quatro minutos, esse depoimento chegar-nos-á através do sistema de videoconferência. Ignoramos, por enquanto, se vamos atribuir o *Corno de Oiro*, que passa pelas opções de Ana Karenina não se solidarizar com as *outras* e de Alexei assumir idêntico posicionamento relativamente aos *outros*. Movemos montanhas, se a expressão me é permitida, para conseguirmos a paz, ou uma trégua que fosse. Qualquer coisa que representasse um avanço efectivo na evolução da querela dos sexos para um armistício honroso. Mas nunca ignorámos os escolhos e sempre admitimos que este poderia ser apenas o início de uma longa caminhada. O mérito de o tentarmos, esse ninguém no-lo tira. Seja o que for que Ana Karenina venha dizer-nos, a luta continua. Quem dá o que tem a mais não é obrigado. Saudações feministas globais para todos.

Grande ovação

Ema K. retoma o seu lugar na mesa

Presidente (*para Ema K.*)
Mas não me tinha dito que a atribuição do *Corno de Oiro* era um dado adquirido?

Ema K.
Fiz *bluff*!, Senhor Presidente. Quem não arrisca...

Presidente
Ora uma destas!

Maria (*de regresso ao púlpito*)
Senhoras e senhores aproxima-se o momento culminante. Dentro de instantes teremos entre nós, nem mais nem menos, Ana Karenina. A partir das cinco em ponto, no ecrã da videoconferência, a Ana far-nos-á companhia durante alguns minutos. Atenção, atenção, Ana Karenina está no ar, Senhoras e Senhores.

Ana Karenina
(*Grande ovação. Aparece o rosto de Ana Karenina no ecrã. São apagadas algumas das luzes da sala, a focagem vai alternadamente para Ana Karenina e Alexei Alexandrovitch*)
Meu excelente e Único Esposo,
Alexei Alexandrovitch,
As notícias provenientes de Lisboa, rápidas e precisas graças aos extraordinários avanços das novas tecnologias ao serviço da comunicação no século XXI, dizem-me que a sua cotação está em crescendo, aí em Portugal. O mesmo sucedia, aliás, na nossa conturbada época moscovita, mas por diferentes motivos. Você era um pilar do regime. Um ministro. Um sábio em leis. Um dos homens de quem se falava nos palácios, nos restaurantes, nas tabernas, nas ruas, nos corredores da Ópera. Uma figura nacional.

(*começa a fazer beicinho*)
(*Alexei Alexandrovitch dá sinais de inquietação*)

Estas últimas notícias deixaram-me a alma num estado verdadeiramente festivo. Faltam-me palavras para descrever o consolo de que me vi possuída. Tratando-se de si, não imaginava possível voltar a experimentar um sentimento de euforia tão intenso como aquele que me tomou ao inteirarem-me dos seus admiráveis progressos. Foi assim uma espécie de amortecedor da melancolia que rói os dias sempre iguais da minha existência aeriforme.

(*soluçando de modo intermitente*)
(*A. A. bebe água, limpa o suor da cara e do pescoço com um lenço, desvia os olhos do ecrã onde Ana Karerina "fala", enxuga uma furtiva lágrima.*)

Desde logo, fui informada, pelas queridas amigas do Movimento Feminista Global, da operação plástica a que submeteu as suas desengraçadas orelhas. Ficaram, dizem-me, encantadoras. Um pouco mais pequenas, mais maneirinhas, verticalizadas. Que deslumbre, imagino! E também me explicaram essas amigas que o Esposo excelentíssimo usa agora o cabelo curto para que o mundo possa apreciar no mais fino recorte o equilíbrio trazido por um assombroso bisturi à sua pesada e irregular fisionomia de idoso prematuro. Parabéns, parabéns, parabéns!, Alexei Alexandrovitch, pelas suas orelhas novas. Pela sua cara nova. Pelo seu cabelo curto. Nem calcula como fico contente. Contente? Radiante!

(*chora com grande aparato*)
(*Alexei está quase rendido, prestes a deixar de lutar*)

Sei que tomou a seu cargo a subsistência e a educação da minha filha (e de Vronski). E dedicando-lhe os cuidados de um extremoso pai em relação a alguém que, não obstante, traz inscrito no nome o seu ilustre apelido. Sinto-me reles e ingrata por não lhe ter reconhecido essa grandeza de carácter escondida algures no "frio parecer" e na reserva com que demarcava o território afectivo. De não ter sido capaz de ver em si a espantosa capacidade de dádiva dissimulada sob a capa austera do estadista. De só o criticar como homem cioso dos pergaminhos sociais, que impunham a discrição e o zelo públicos, o disfarce, a hipocrisia do cargo. De fazer de si o alvo de torpes enxovalhos, de tantos imerecidos atropelos, de tanta, tanta fealdade moral – e de nenhum remorso.

(Alexei exclama: Estás perdoada, Ana Karenina! Estás perdoada mais uma vez, minha querida! Não era preciso teres chorado tanto, amor. Quando começaste a fazer beicinho já eu estava de rastos.)
(*Ana contém o ataque de choro e continua a falar mas com a voz embargada*)

É desejo das queridas amigas do Movimento Feminista Global que manifeste a Alexei Alexandrovitch uma qualquer forma de apreço que o ajude a sair da Convenção da Personagem Comparada de cabeça erguida, leve, orgulhoso das suas novas orelhas e do seu arrojado corte de cabelo. Que aplauda a decisão de não se ter batido em duelo. Que lhe agradeça o facto de tudo ter feito para que a sua mulherzinha mantivesse o *affaire* sem comprometer a estabilidade do lar e o convívio do filho estremecido.

(*Ana Karenina, assoa-se, sem parar de falar, não contendo as lágrimas*)

Pois bem, Alexei, se pode perdoar-me ainda uma vez, se pode perdoar ainda uma vez a este verme merecedor dos piores castigos, que escolheu, contra a vontade de Deus, morrer debaixo de um vagão de caminho-de-ferro só para não se rebaixar a pedir-lhe que a aceitasse de volta quando tudo à sua roda parecia desmoronar-se, se pode perdoar ainda a este ser horrível que o não soube compreender, amar, desejar, suplico-lhe que o faça, Alexei Alexandrovitch. Se não por mim, ao menos pelas queridochas do Movimento Feminista Global. Elas merecem o que há de melhor, ao resgatarem da mais densa neblina e do mais abjecto silêncio póstumo os vultos heróicos dos maridos enganados como você, meu único consorte, único também na literatura.

(Alexei:. Já disse que perdoo, mas por favor pára de choramingar, amor. *Bistra*! Não aguento, não aguento).

Para vocês, heróis até hoje obscuros e menosprezados, a quem está reservado o destino luminoso dos sobreviventes generosos, escancaram-se finalmente as portas da casa das estrelas. Essa casa mágica onde até agora só as vossas loucas mulheres encontraram guarida, fama e proveito. É mais que justo, depois de anos e anos de amargurada clandestinidade, e de acordo com as notícias vindas de Lisboa de que o vosso papel está a ser revisto em alta, que encontreis abrigo neste selecto domicílio de imortais com maiúscula onde todas nós suprimos, à tripa forra, as nossas carências de notoriedade. Alexei é só o primeiro dos muitos que se seguirão. Tenho a certeza. Sê bem-vindo à casa das estrelas, Alexei Alexandrovitch.

Ana Karenina
Esgota-se o tempo de satélite

Ema K. (*triunfante, de punho fechado, erguido*)
    Yes!

Maria (eufórica)
    Temos *Corno de Oiro*. E o vencedor é...
    ALEXEI ALEXANDROVITCH!

Ovação estrondosa (Ouve-se a banda sonora da festa de atribuição dos Óscares)

Maria
> O Senhor Presidente, hoje presidente informal visto estar connosco na qualidade de cidadão comum, livre, pois, de espartilhos protocolares, fará a entrega do *Corno de Oiro* a Alexei Alexandrovitch. Senhor Presidente...

Rapidamente, uma assistente faz chegar a Ema K. o Corno de Oiro. Esta levanta-se e entrega-o ao Presidente, também já de pé. Alexei Alexandrovitch, entretanto recomposto, aproxima-se do Presidente, para receber das mãos deste o precioso troféu.

Presidente
> Alexei... Alexan... Alexan...

Ema K. (*ajudando, em voz baixa*)
> Alexandrovitch.

Presidente
> Alexei Alexandrovitch. Muitos parabéns. (*entrega o troféu, abraça o contemplado*). É uma bela peça escultórica. Ganhou-a merecidamente.

Alexei
> Excelência, é uma honra.

Presidente
> Sabe que *Ana Karenina* é um dos meus romances de cabeceira? E o seu papel na obra? Simplesmente admirável.

Alexei
> Exagera, Excelência. Fico-lhe eternamente grato pelas suas palavras amigas. Não é todos os dias que...

Presidente (*mudando bruscamente de onda*)
> Faça-me um favor, Alexei.

Alexei
> *Kanieschna*, Excelência.

Presidente
> Logo que chegue a Moscovo, dê um abraço, da minha parte, ao Vladimir. Não se importa?

Alexei (*siderado*)
> A essa...?

Presidente (*imperturbável*)
> Putin. Vladimir Putin.

Alexei
> Não me esquecerei, Excelência. Conte comigo. (*em aparte: é o contas*).

Presidente
> Obrigado, Alexei Andr... Muitíssimo obrigado, Alexei.

Duas assistentes distribuem pelos restantes membros da Comissão de Honra caixinhas com a miniatura, em filigrana, do Corno de Oiro. *Alexei Alexandrovitch dirige-se ao púlpito.*

Maria
> E agora as palavras de Alexei Alexandrovitch, o vencedor *Do Corno de Oiro* na I Convenção Literária da Personagem Comparada, Lisboa, 2007.

(*Alexei Alexandrovitch experimenta o microfone, certifica-se de que está ligado*)

Alexei (*de improviso*)
> Senhor Presidente, Senhora Presidente, Caros Colegas, Senhoras e Senhores. Hoje é para mim um dia de sensações fortes. O prémio, digamos assim, em boa hora criado pelo Movimento Feminista Global, consagra a valia integral dos maridos enganados; um pequeno passo para a humanidade, um grande passo para o homem. Coube-me a subida honra de ter sido o primeiro a recebê-lo. Devo-o antes de mais à Ana Karenina e às minhas orelhas novas, que a motivaram, ao expressar-se ante nós com uma ternura rara. Não quero nem devo, pois, neste momento de glória, esquecer o meu cirurgião plástico, cuja modéstia me priva de lhe referir o nome – pois sei que ele o

detestaria –, exaltando o seu inesquecível contributo para tão estrondoso sucesso. Aos meus amigos da Comissão de Honra a quem prometi fidelidade na luta contra as adúlteras que nos odeiam, peço desculpa por ter atraiçoado o nosso pacto. Ana Karenina suplicou o meu perdão a chorar copiosamente. E se lerem bem o texto ficcional, nele encontrarão a chave do lance que me perdeu. Culpem o Tolstoi, não me culpem a mim. Eu fiz o que pude. Se fiquei aquém do esperado foi porque o Tolstoi mais não permitiu. Respeitem as superiores razões de um homem comovido... até às lágrimas. Os meus calorosos cumprimentos a todos. *Spassiba*!

Grande ovação

Foco luminoso sobre Jorge

Jorge (*aplaudindo raivosamente*)
    Bem que nos puseste os palitos, cabrão!

Cai o pano

QUADRO XV

Volta a subir o pano

(*Exibe-se uma tela com a transcrição de uma passagem do romance* Ana Karenina):

A não ser as pessoas mais chegadas a Alexei Alexandrovitch, ninguém sabia que aquele homem, de tão frio parecer, e tão razoável, escondia uma debilidade contraditória no carácter: não podia ver, nem ouvir, o choro de uma criança ou de uma mulher...

In *Ana Karenina*, de Leão Tolstoi

Passados trinta segundos, cai definitivamente o pano.

[Cascais, 2007]

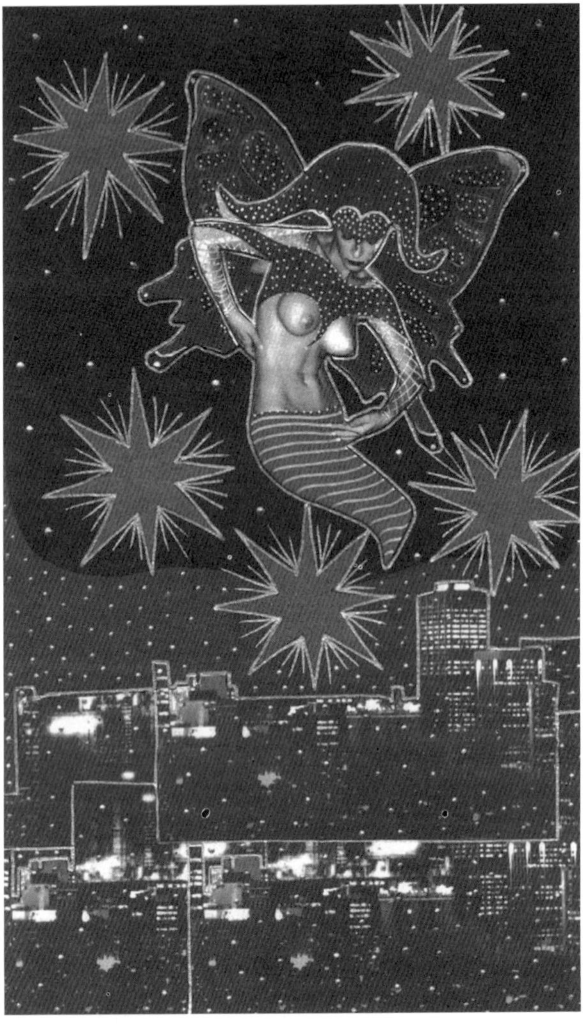

ENSAIOS
Ao Sabor da Crítica

Carré, Batalha Reis, G. Swift:
intriga internacional

Caiu no pano da minha crónica sobre o último romance de John le Carré uma gralha engralhadíssima, perdão, engraçadíssima. A dar "crédito" a essa gralha, evidenciariam os Ingleses, como traço de carácter, uma obsessão pela música (minúcia, no original) que deve ter deixado no mínimo perplexos, além dos vigilantes indiferenciados da população leitora que não deixam passar uma, os funcionários da Embaixada Britânica incumbidos de peneirar, a rede fina, tudo o que na ocidental praia se diga ou escreva sobre os ditos cujos Ingleses. Imagino, até, numa extrapolação ficcional das sequelas do lapso, um afoito adido cultural ao telefone, no próprio dia da saída do *JL*, com o "querido John" (nome de código de J. le C. para despistar, é claro) pedindo ajuda para esclarecer mais um daqueles imbróglios em que os inconsequentes povos do Sul são useiros e vezeiros, fruto de uma imprevisibilidade que torna esses mesmos povos irredutíveis aos padrões de vida adoptados na velha Álbion.

Tratar-se-ia, segundo o expedito funcionário, de descodificar a estranha obsessão dos súbditos de Sua Majestade pela "música" – ainda se fosse o *cricket*, o *golf*, os cavalos, o *Times*, vá que não vá, mas agora a Música, *My God* – e a opinião do "querido John" tornava-se indispensável para habilitar o pessoal da Embaixada a perceber se estaria a contas com ofensa merecedora da entrega de protesto nas Necessidades, ou se, ao contrário, nas prosas dele, John, existiria de facto alguma subliminar mensagem musical deixada passar em claro pela crítica literária do mundo inteiro, sendo então caso não já para protesto (vigoroso, como manda a tradição na Grande Ilha), e sim para telegrama de congratulações caloroso, segundo também as exigências da louvaminha diplomática) em abono da esperta crítica literária portuguesa, que fora capaz de enxergar o que outras com diferentes responsabilidades haviam pura e simplesmente ignorado. E o que teria ele, "querido John", a dizer a respeito.

Parece que estou a ver John, mal refeito da surpresa provocada por tão inusitado telefonema, a negar veementemente qualquer virtual ou manifesto elogio, nas suas obras, ao estofo musical dos Ingleses, nomeadamente em *O Peregrino Secreto*; mas, subitamente interessado, a inquirir, na passada, se tal insinuação não se inscreveria antes numa vasta manobra subversiva de reagrupamento de quadros espiões desempregados, orientada para restaurar o Comunismo de Estado na Europa e relançar a guerra fria a partir dos países periféricos onde a influência da *perestroika* não tivesse atingido os centros vitais da resistência ao sistema capitalista.

Imagino o adido, incapaz de desmentir ou confirmar semelhante desenvolvimento da situação sociopolítica na ocidental praia, preso de arreliadora indecisão e sobretudo embaraçado pela cadência empreendedora de John, que passara já ao alvitre de uma deslocação à ex-cidade das fragatas, desta vez para observar *in loco* os fenómenos de longevidade política e de aglutinação de energias dispersas depois da bronca do Leste, visto tratar-se de um típico local terceiro-mundista – com as suas vielas, os seus *casbah*, as suas tascas portuárias, os seus carros eléctricos, onde o MNE se chama "Necessidades"; o cemitério, "Prazeres"; os poços misteriosos, dos "Negros", do "Bispo"; o museu, "Janelas Verdes"; os transeuntes, "alfacinhas"; o aqueduto, "Mãe d'Água", enfim uma cidade toda ela cifrada, com um potencial de enigma capaz de baralhar o *Serviço* mais bem equipado do mundo e pôr a cabeça à razão de juros ao melhor escritor de espionagem de sempre – o que se prestava lindamente a que confusões como essa de os Ingleses serem uns taradinhos pela Música não fossem gratuitas aselhices de meridionais distraídos e trouxessem no bico a água de conspirações perpetradas em desespero de causa, portanto pungentíssimas, ferocíssimas, em homenagem aos belos tempos dos espiões que vinham do frio. Era isso mesmo – raciocinaria John na outra extremidade do fio – a palavra "música" utilizada fora do contexto bem poderia constituir uma palavra-chave, uma senha, um passe, vamos, destinado a facilitar os contactos entre os nostálgicos relutantes em abandonarem o seu combate de décadas, convencidos de que aquilo por que estavam a passar era apenas um mau bocado, provisório como uma nuvem, passageiro como uma rajada de vento, artificial como um golpe de teatro.

Imagino, finalmente, o bom do adido colocado perante questões que ultrapassavam de longe a sua esfera de decisão, a informar o "querido John" de que iria contactar de imediato as instâncias superiores, as quais decerto não demorariam a examinar as várias hipóteses avançadas naquela oportuna troca de impressões. Que depois diria alguma coisa. E o imparável John a recomendar presteza, porquanto nestes casos a única garantia de sucesso para as nações que não querem andar a reboque das outras é mesmo o efeito de surpresa. Ora com este pequeno exercício de ficção não pretendo senão dar a conhecer o meu vasto e antigo contencioso com as gralhas. Que me perdoem os Ingleses, a Embaixada, o adido, o John le Carré, o *JL*. Está por apurar se a gralha mais famosa, em Portugal, é a de *História do Cerco de Lisboa* ou aquela que há muitos anos, numa página de anúncios do *Diário de Notícias,* transformou a palavra colchões noutra coisa. Mas eu já poderia contar umas quantas histórias divertidas sobre gralhas pousadas em textos meus e o pior é que a convivência com elas acaba por nos afrouxar a vigilância, agora que já não existem revisores-gramáticos, revisores-pais – com todo o respeito pelos actuais revisores, e mesmo pelos computadores-revisores, quando os há – que até ensinavam a escrever. Por mim, deixei de ligar. Tornei-me insensível a "elas". Os leitores é que me merecem uma que outra rectificação, especialmente se há alteração do sentido. Foi o caso desta "música" em vez de "minúcia". Em boa verdade, receei que os Ingleses levassem a mal taxá-los de "obcecados" por uma coisa de que se calhar afinal não gostam ou se gostam não gostam ao ponto de se poder falar de "obsessão". E onde fui eu buscar a minúcia com direito a música? À *Revista Inglesa* publicada há cento e poucos anos em O *Repórter* da autoria de Jaime Batalha Reis, o involuntário causador deste incidente: "Nada conheço mais caracteristicamente inglês que o *Times:* poderoso e insípido, informado e seco, imenso e estreito, charlatão e grave. Os assuntos esgotam-se sobre as páginas do *Times,* em longos artigos completos. Três, quatro colunas de tipo miudíssimo, a seis decímetros cada uma, reúnem todos o factos conhecidos sobre uma indústria, sobre uma questão económica, sobre um país." Correspondência datada de Londres (03.01.1888). E não tem algo de parecido com o *Times* daquele tempo os armazéns de factos que são os romances de John le Carré?

    Determinou a rotina da Redacção que me viesse parar às mãos, para recensão, mais um livro de matriz britânica – *Fora Deste Mundo,* de Graham Swift, escritor muito badalado em certos meios mas de quem nada conhecia, nem mesmo O *País das Águas,* que me dizem ser o seu mais divulgado livro. Lacuna imperdoável? Falha de cultura inadmissível? Com alguma ansiedade me dispus a procurar a obra-prima anunciada, que de resto não encontrei, achando no seu lugar um romance curioso, uma história simpática contada com destreza e com piada, mas sem a força da novidade que empolga ou esclarece o leitor, vergando-o subitamente ao peso do "nunca lido". Aqueles capítulos planos, correspondentes, cada um deles, à fala de uma personagem, não os temos nós, em bom, na saga dos *Cantares,* do

Almeida Faria? E a história do sexagenário que refaz a sua vida com a moça de vinte e poucos anos alguma vez chega "aos calcanhares" do caso amoroso de *História do Cerco de Lisboa,* do Saramago? Façanhas do género das do repórter fotográfico Harry, não as recebemos às pazadas através das séries televisivas sobre a II Guerra Mundial que a RTP tem por hábito comprar à BBC? E será o discurso truculento de Sophie, no divã do psicanalista, suficiente, só por si, para salvar o romance de uma generalizada mediania? Claro que dá gozo ler um livro como este, como dá gozo ver um bom filme da série B. Mas o que está em causa é saber-se se G. S. é um génio ou se é um ficcionista apenas interessante. Concedo-lhe o benefício da dúvida e fico a aguardar melhor prova, sendo, porém, justo chamar a atenção para a sua escrita leve, directa, eficaz, e para a ousadia da linguagem, tão distante da linguagem "vitoriana" de J. le C. Ah!, que se Jaime Batalha Reis pudesse cá voltar, como seria tremendo o seu espanto ao dar de caras com ingleses tão pra *frentex*...

[*Jornal de Letras,* 1991]

As línguas da literatura[1]

Que forma poderia tomar uma obra que se reclamasse mais identificada com a Europa do que com a sua cultura nacional?

Esta questão concreta introduzida no tema do nosso Congresso acordou em mim reminiscências das primeiras leituras de juventude de matriz europeísta. Será que uma literatura que se assume como europeia pode agir fora do quadro da língua hegemónica sem que a sua qualidade intrínseca se ressinta? Ou esta literatura será tanto mais europeia quanto maior for a contribuição da "Europa" para um esforço de desenvolvimento das literaturas nacionais?

Semelhantes dúvidas, velhas de quase meio século – se nos reportarmos a uma data, 1946, que é a da célebre conferência de Julien Benda nos Encontros Internacionais de Genebra, então voltados para os problemas da reconstrução europeia – acabam, inevitavelmente, por ser recuperadas de cada vez que se considere dever empurrar-se a Europa para a solução federalista.

Peço desculpa se chamo a figura de Benda a uma reunião não especificamente vocacionada para discutir a arqueologia do pensamento europeu. O idealismo inocente de uma nova Europa construída, em três tempos, por uma espécie de milagre de clarividência unicitária, não faz sentido senão numa circunstância particularmente trágica como a de ter de se trabalhar sobre os dados de um continente devastado. Mas evoco Benda por duas boas razões sentimentais (para ele seriam, talvez, más razões, visto ser pessoa avessa ao *sentimento*): subscreveu o primeiro texto especificamente neoeuropeu que li (o texto da conferência supracitada) e com ele (contra ele) aprendi como seria pernicioso o papel da literatura numa Europa Nova, imaginada a partir dos escombros da segunda guerra mundial. O adepto da literatura que já então eu era não podia ver com bons olhos a defesa de um projecto hegemónico cujo sucesso passaria pela desqualificação daquela; através de Benda entrevi, não sem alguns receios, estranhos cenários possíveis na futura Europa: o sentido da História "invertido", uma língua sobreposta às línguas nacionais, prioridade à ciência sobre a literatura, valorização da

---

[1] Revisto em 2004. Comunicação apresentada no Congresso da Associação Internacional dos Críticos Literários, Lyon, 1993.

faceta intelectual do homem sobre o seu lado emocional e da razão em desfavor do "sentimento". Esta Europa mágica resolveria, num ápice, todos os contenciosos ainda por solucionar no Velho Continente.

A proposta tinha o seu quê de fascinante mas com um grande óbice para europeus com a minha sensibilidade: minimizava a importância da literatura, particularidade que me fez desde logo manter em relação àquela uma prudente desconfiança. Além do mais o homem, ainda que fosse um democrata, fazia a apologia de uma geopolítica que funcionava, entre nós, a favor das teses nacionalistas concernentes aos territórios do Ultramar, o que talvez tivesse contribuído para que, não obstante o atraso, o livro que continha a célebre conferência viesse a circular sem restrições em Portugal dezassete anos depois de ela ter sido proferida. O governo português de então terá dado o livro como datado, não só não contrariando a sua livre circulação como vendo talvez nas palavras de Benda um apoio indirecto à sua política territorial no respeitante às colónias, então denominadas "províncias ultramarinas". A força ideológica que em crescendo hostilizava a ditadura era então o comunismo e não o depreciado "republicanismo histórico", linha na qual cabe de algum modo o delírio profético de Benda, no qual havia singulares coincidências, por antonomásia, com a retórica do discurso oficial português: uma única realidade geográfica – Portugal uno e indivisível repartido pelo planeta; uma língua única como vínculo de união de comunidades separadas; o ensino da História privilegiando a memória do colonizador e, à falta de *know-how* tecnológico que acabasse de vez com o "sentimento" e a "literatura", o pragmatismo nos negócios suprindo o défice científico. A África que Salazar ambicionou anexar a um Portugal *longe* da Europa acabou por fazer expandir essa mesma Europa no imaginário dos Portugueses (refiro-me, evidentemente, a uma consciência europeia e não a uma condição geográfica europeia: não se pode *entrar* onde sempre se esteve).

Os peões inocentes do jogo cínico das conveniências que pervertem as ideias generosas – os emigrantes – demonstram bem como são por vezes enigmáticas as bases sobre que assentam os compromissos europeus, bem afastados de uma hipotética carta magna europeia, iluminadora e regeneradora. No caso franco-português, os dirigentes do país de mão de obra não qualificada e os do país de acolhimento constituíram os emigrantes como moeda de troca numa operação que ajudou a França a desenvolver a sua indústria de construção civil e, mais tarde, a crise de porteiras, e Salazar a suportar as pesadas despesas materiais da guerra colonial sem delapidar o famoso pecúlio das reservas em ouro, prova tangível de um génio financeiro tão aclamado, graças às divisas enviadas pelos "clandestinos" às suas famílias (a clandestinidade dos trabalhadores impedia a reunião das famílias e isso favorecia as políticas demográfica e económica dos dois países). Fosse porque as autoridades portuguesas de então tivessem excluído Portugal da Europa, querendo-o nacionalista e "africano", fosse porque a Europa se pensasse sem pensar em Portugal, um Portugal por demais periférico e aparentemente incapaz de se desfazer de um regime totalitário, os ideais como os de Julien Benda eram qualquer coisa que no rectângulo lusitano se sintonizava, por vias travessas, com a doutrina do governo, embora sem relação directa com a "maneira de ser" do nosso povo nem com a sua "sensibilidade". E eis senão quando, trinta anos depois, perspectiva federalista nos entra em casa de supetão e faz com que um texto "velho" como o de Julien Benda ganhe uma actualidade flagrante, ao mesmo tempo que as opiniões públicas dos diversos países concertados à roda da ideia da Europa comum zurzem cada vez mais vigorosamente aqueles a quem chamam depreciativamente os *tecnocratas* de Bruxelas.

Uma vez consumada a coesão estrutural, ou até antes, o problema da Língua única acabará por se colocar aos Europeus com acuidade dramática. A Língua e a Literatura, para não falar da religião, representam os últimos bastiões da resistência dos povos às pressões que eles mesmos definem como turbulentos fenómenos de perda de identidade. Não preserve a pulsão federalista o território sensível da Língua, fazendo depender da adesão a uma Língua padrão o direito a uma literatura nacional ser aceite e consagrada pela Comunidade, e irremediáveis conflitos gangrenarão um corpo que se quis são na diversidade e no contraste. De momento, considero que entre os meus compatriotas se mantém intacto um sentimento de crença na bondade da Europa, mau grado a teimosia com que o adjectivo único se imiscui, cada vez com mais frequência, nos circuitos relacionais – acto único, moeda única, mercado único, etc. – ou ainda perturbações complementares como as provocadas pela concorrência da frota pesqueira "espanhola" na zona económica exclusiva portuguesa, o arrancamento de grandes extensões de vinha ou a invasão de batata "estrangeira" a preços ruinosos para a economia local, conformes às directivas da política agrícola comum. Língua e Literatura não são, todavia, batatas. A personalidade europeia conquista-se a partir da sábia gestão das diferenças e não de harmonizações mais ou menos congeminadas por burocratas nos gabinetes de Bruxelas.

As literaturas portuguesa, grega, irlandesa, etc., são já suficientemente europeias para que lhes seja necessário um suporte linguístico susceptível de lhes conferir uma nova nacionalidade e dessa metamorfose extraírem proveito. Seria sempre desejável, evidentemente, como preconiza Edgar Morin em *Penser l'Europe* que "uma nova consciência da Europa" fosse conciliável com o que Eduardo Lourenço, num dos luminosos ensaios de *Nós e a Europa*, designa por "misteriosa mistura de ser e de vontade" enquanto nó de "toda a comunicação cultural". A Europa tornando-se por esta via – a do aprofundamento enriquecedor das diferenças como modo de *ser* e de expressão de uma *vontade* – mais e melhor europeia.

Helder Macedo: a factual ficção

Partes de África: um título que sugere "fragmentos" e que o texto enriquece com outra variável semântica: "fragmentação". *Partes* e *África* são, na geografia colonial, as peças de uma ficção transcontinental pretensamente unitária – o Portugal do Minho a Timor, pequeno na Europa mas grande no mundo, escolar, estadodonovista; as mesmas *partes* já não se apresentam, depois da revolução de Abril, como pedaços de um todo ligados entre si pelo fio invisível da portugalidade e sim como unidades autónomas resultantes de um gigantesco fenómeno de implosão; finalmente na memória do erudito em férias de trabalho – se assim se pode designar a vilegiatura sintrense do autor-narrador-protagonista Hélder Macedo – essas partes, desanexadas dos seus emblemáticos contextos iniciais, adquirem a coesão mítica que as torna susceptíveis de serem reconvertidas em retrato de um tempo – coincidente com o tempo da experiência vivida do mesmo narrador – decisivo na história moderna do país. Afirmação final do colonialismo, estertor do império, distanciamento e ironia "sabáticos" em relação a esse estertor e a essa afirmação, com o seu quê de canto do cisne, e eis justificado o título de um livro em cujas páginas a África está predominantemente presente – até quando, já fisicamente ausente, condiciona ainda a memória de toda uma geração de portugueses, quer estes tenham lá posto os pés ou não.

Anunciado como romance – sê-lo-á, de facto? – *Partes de África* poupa ao leitor e ao crítico o trabalho de terem de encontrar para a obra os painéis tipológicos adequados, uma vez que o autor se encarrega de espargir no texto orientações teóricas que denunciam o estofo do ensaísta e do pedagogo. Não se esperaria menos de um erudito do Kings College para quem a noção de romance escapa aos limites do modelo balzaquiano pelo que as pistas de leitura expressamente facultadas, sobre incidirem no processo de efabulação e na acção da escrita, impõem a atenção relativamente a uma geração que não teve outro remédio senão posicionar-se no problema africano a favor ou contra, de acordo com o que a circunstância de cada um dos seus elementos imperativamente lhe determinou.

Nesta medida, não será inadequado falar-se de romance – o romance de uma geração; mas igualmente de obra aberta, considerada a regular entrada de novos módulos estruturantes do sentido no sistema dos "saberes" do texto; ou, enfim, de um género globalmente híbrido, tendo em apreço que o texto congrega em si géneros e subgéneros difíceis de reunir num único projecto literário: memorialismo, biografia, autobiografia, ficção, ensaio e crónica histórica. Fica, em todo o caso, a pairar a ideia de romance alimentada pelas "maquinações" do próprio narrador – ele vai deixando cair ao longo da cadeia discursiva as tais informações sobre a organização da sua escrita favoráveis a que a curiosidade alheia encontre o desafogo de um espaço onde desenvolver as suas acções especulativas.

Por exemplo: num desses momentos em que o A. ensina o leitor a ler o que tem diante dos olhos pelos parâmetros da sua visão pedagógica do que escreve, é notória a censura aos que diluem o reportório autobiográfico em embustes sempre incompletamente neutralizadores do acto de se romancearem por interpostas personagens e pseudofictícios lugares. Hélder Macedo lá terá entendido que a sua vida dava um romance sem ser preciso mistificá-la no texto que a descrevesse. De aí à recusa em alinhar nos subterfúgios nominais e nos equívocos ambientais dos romances "vindimados" distou um passo. As pessoas são portadoras dos seus nomes e a factualidade dos eventos não desmerece da importância histórica que tiveram; há um cunho de provocação amena que todavia não chega para criar entre o receptor provocado e o emissor sujeito da instigação uma atmosfera de desafio, de atrito. O narrador, de resto, mostra assim o jogo: "... este livro não é sobre mim mas a partir de mim, condutor biograficamente qualificado das suas factuais ficções. Até porque isso de narradores impessoais e objectivos é chão fictício que já deu uvas, e até agora não tinha sido necessário para a história. Nos tais romances já vindimados os autores disfarçam-se até quando não se disfarçam. Neste, que nunca se sabe quando é, meu disfarce é não me disfarçar, como fez o Bernerdim antes de o Pessoa vir explicar como era".

Tendo origem no autor-narrador a declaração de que nunca se sabe quando é que *Partes de África* é romance e quando não é, só me resta abdicar de pôr em causa a autoridade da fonte (*se este livro fosse uma autobiografia ou um romance a fingir que não...*). Não se me peça, porém, que seja um leitor passivo, só porque me não são facultados de mão beijada os dados que me permitiriam fixar os instantes em que o romance passa a não romance e vice-versa. A solução residirá em conviver com esta dificuldade, ainda que nem tudo sejam opacidades nem certas "partes" se *comportem* com tão pouca transparência que exijam um esforço suplementar de descodificação.

Julgo, até, que a escrita de Hélder Macedo trai a condição metonímica com uma clareza tal que a seu respeito de poderá invocar (com Barthes, *O prazer do texto*) "a natureza relacional do discurso clássico... segundo as exigências de uma economia elegante e decorativa". A linguagem de *Partes de África* é coloquial, elegante, solidária com a fala dos universos verossímeis como dos verídicos – alguns ainda bem vivos na memória dos contemporâneos – o que lhe permite operar num registo "factual" confinante com a autobiografia e outra não ficção. As homenagens aos amigos da *Colóquio* (David, Luís Amaro), ao grupo do Gelo (Sebag, Virgílio Martinho, Gonçalo, Escada, Forte, Gonzales, H. Hélder) ou aos ilustres moçambicanos de Londres (Eugénio Lisboa, Knopfli); a ronda pelos cafés *intelectuais* e *cabarets* lisboetas dos anos cinquenta; a inevitável alusão à PIDE omnipresente; o complexo dispositivo das ligações afectivas ou de conflito entre o literato "aberto" e os familiares "colaboracionistas"; a passagem atribulada pelo governo Pintasilgo; certa visão colonialista de África validada pelos relatórios sobre a situação no terreno ou pelo anedotário da repressão; o surto independentista africano; a emergência da Língua Portuguesa como factor de aproximação de culturas – constituem *partes* de um pacote referencial bem identificado que só trazem como especial novidade o olhar intransmissível do autor-narrador voltado para o que foi estar na vida, dentro da pele de um cidadão português, durante o período que cronologicamente o livro trata. E não é pouco, dir-se-á. Bem entendido que a ficção – arrisco, meio receoso, não vá o olho docente que fiscaliza o meu dizer arregalar-se de indignação – comparece em força no drama jocoso de Luís Garcia de Medeiros, *pastiche* literário que parodia *Don Giovanni*, de Mozart, álibi técnico para uma estratégia "de romance a fingir que não" servido por um "estilo oblíquo e dissimulado" ou então singular notícia das capacidades, de ficcionista, de Macedo.

    Considero *Partes de África* um exercício literário extraordinariamente estimulante. Crónica de uma época com *antes* e *depois* em que todo o *antes* passa pela peneira analítica do *depois*, não sendo por acaso que o autor-narrador impõe o 25 de Abril como data-corte a partir da qual investiga "paradeiros" e testa mudanças de atitude e rupturas sociais; romance de uma geração; autobiografia de um protagonista menor dos acontecimentos históricos mas que a estes confere a dimensão maior da sua lucidez e da sua probidade intelectual; aptidão para o divertimento e a inventiva, pujantes no meandroso *intermezzo* erótico do "drama jocoso"; memória crepuscular do império e por último a consagração da importância da Língua Portuguesa no mundo – são as balizas desta obra marcante do nosso tempo. Marcante, quer pelo que nela o nosso tempo deixa de sulcos indeléveis, quer pelo que no nosso tempo inscreve como contribuição para a interpretação e reconhecimento crítico desses mesmos sulcos.

[*Colóquio Letras*, 1992]

Jorge de Sena: um exílio em cólera[2]

Jorge de Sena (1920-1978), poeta, investigador, dramaturgo, contista, docente, romancista, engenheiro, antologista, epistológrafo, tradutor e prefaciador é um dos casos mais fascinantes de produção de uma literatura de exílio num país onde a legião de intelectuais "estrangeirados" é consequência da constância do Estado totalitarista ao longo dos séculos. Quando se fala de exílio de escritores, de literaturas de exílio ou de exílio *tout court*, os Portugueses sabem do que falam, tantos deles tiveram de abandonar o país para noutras paragens procurarem, em liberdade, o sustento do corpo e a ração do espírito. Mas também aqui, o *affaire* Jorge de Sena é paradigmático. Ele, Sena, não corresponde, em boa verdade, ao padrão geralmente aceite de exilado político. Corporizou, sim, antes de mais, o drama do emigrante económico cuja ambição maior era a de ser escritor e não engenheiro de pontes e calçadas, que em dado momento da vida se viu a braços com a mulher e sete filhos (mais tarde a conta subiria para nove) para sustentar e o quase completo ostracismo votado pela crítica portuguesa à sua actividade literária.

Sena começa, pois, por ser um exilado no interior, condição à qual acrescenta a dimensão de "exílio no exterior" ao emigrar para o Brasil em 1959, deixando para trás um lugar de quadro da Junta Autónoma de Estradas e partindo com a alma a clamar vingança contra a "conspiração" (em não pequena medida por si acirrada), dos jornalistas e críticos "ignorantes" que com o silêncio lhe obstruíram o acesso à glória. A perseverança posta na desforra é qualquer coisa de gigantesco. A cólera com que zurziu os contemporâneos "cegos" à importância da sua obra atingiu patamares de truculência inimagináveis. Varreu a eito, implacável de rancor e raiva, alardeando uma capacidade invejável para exorbitar a malignidade dos fantasmas que levara de Portugal, tudo o que no país pudesse ter algum merecimento. Ninguém estava à altura do seu talento. Ninguém, de facto, parecia capaz de saber lidar com a mistura explosiva da incomensurável imodéstia e do inegável valor, um *cocktail* Molotov sempre preparado para ser lançado sobre "essa gente". Ninguém, a não ser ele mesmo.

---

[2] Comunicação apresentada no Congresso da Associação Internacional dos Críticos Literários, Roma, 1997.

Querendo contornar a alegada incapacidade da crítica para lhe analisar os escritos, Sena passou a interpretar os seus trabalhos de criação através de textos de natureza ensaística, os famosos prefácios. Colocado acima dos condutores de opinião – ultrapassados por tão desconcertantes incursões no seu perímetro de influência – por esses ensaios de "si sobre si mesmo" com que polemicamente adornou vários livros, teve o condão de com eles exasperar ainda mais os "visados" – raramente nomeados – alargando assim o fosso de silêncio que estava na génese dos seus irados queixumes. "Tenho horror da mediocridade que se compraz em escusar-se a reconhecer o que a excede", disse, numa entrevista conduzida por Arnaldo Saraiva, respondendo à insinuação de que seria o maior admirador de si próprio. Sem deixar de referir: "A única razão pela qual parece que eu proclamo a cada instante o meu talento é porque, até muito recentemente, se eu não o fizesse, ninguém o faria. E, se eu sou agudamente sensível a todas as formas de injustiça, haveria de deixar que ela se exercesse impunemente comigo?"

É errado pensar-se em Jorge de Sena como o provocador nato, o *outsider* que todo se joga no afrontamento ao sistema e se realiza hostilizando-o. Ele não ambiciona a destruição do sistema, quer a sua vénia. Aquilo a que profundamente aspira é tê-lo aos pés, rendido à sua arte e ao cabedal de erudição entretanto adquirido no contacto com modelos superiormente evoluídos de estudo das disciplinas literárias. Tarda o reconhecimento, multiplicam-se as manifestações de cólera do não reconhecido contra os juízes-réus do adiado reconhecimento. Cresce o tom de desafio à pátria ingrata, cuja virtude soberana parece ser a de esquecer quem melhor a honra. A para muitos insuportável vaidade do Narciso a quem é negado o espelho através do qual pudesse saciar a autoestima dá contornos diabólicos ao contencioso que infernizará para sempre a vida do escritor. A cruzada autointerpretativa com que premeia "esses sujeitos" e o "país dos sacanas" que os sustenta é uma aventura sem regresso, uma luta sem fim à vista, um combate eterno. O centro geométrico do exilado no interior está no lugar do "eu" onde decisivamente pesa um egoísmo vital ferido pela ausência do eco social capaz de salvar a obra e o homem do ignominioso anonimato que é a causa do seu tormento. Apoiando-se em Scheler, Camus dirá que o "ressentimento, conforme surja numa alma forte ou fraca, converte-se em ambição de vencer ou em azedume". O temperamento de Sena troça destas fronteiras: ele é forte na ambição de vencer e excessivo nas demonstrações de azedume – ele será um vencedor que morrerá em guerra com um mundo que apesar de tudo não o adulou como devia.

Há, no entanto, um momento de viragem, em Portugal, a partir do qual a obra de Sena começa a ser vista com outros olhos. O n° 59 da revista católica progressista *O tempo e o modo*, de Abril de 1968, é-lhe consagrado. Essa "consagração" reflecte a nova atitude das elites culturais portuguesas relativamente, sobretudo, aos feitos do investigador e do docente além-fronteiras. Não se estava mais em presença do engenheiro, com fumos de artista da palavra escrita, que colaborara no projecto da construção da ponte sobre o Tejo; estava-se em face de um homem que lograra chegar, como professor, às universidades brasileiras de S. Paulo e de Araraquara e, nos Estados Unidos, à Universidade de Wiscosin, considerada uma das dez melhores do país e aquela onde os estudos das literaturas portuguesa e brasileira se encontravam mais adiantados, aí regendo cursos e dirigindo teses de doutoramento como "visiting professor". Na mesma universidade, em 1967, seria nomeado catedrático do Departamento de Espanhol e Português e é já quando, portador destes galões académicos, sublinhados por intensa actividade de investigador e de teorizador, começa a ecoar no país o prestígio do mestre de Literatura e da Língua alcançado em tão selectos fóruns intelectuais, que a sua obra poética e de ficção é encarada com diferente receptividade e, digamos, recuperada. O ensaísta e o professor "arrastam" consigo o escritor, que assim suscitam novos enfoques críticos à produção ficcional. De certo modo são-lhe, até, perdoados os "prefácios".

Por que é que a homenagem de *O tempo e o modo* decepciona Jorge de Sena? Não tem a "grandeza" justificada pela estatura intelectual do homenageado? Não é um preito de vassalagem por parte daqueles a quem ele desejaria vergar com a pujança do seu saber e são "outros" aqueles que vêm oferecer-lhe o conforto da solidariedade e da admiração?

São duas, quanto a mim, as razões do acolhimento céptico que faz a essa consagração para ele não suficientemente grande.

Em primeiro lugar, há um período de vinte e dois anos desde a edição do primeiro livro – e a consequente acumulação de azedumes vários – durante o qual são raras as referências nos jornais ao que publica. São duas décadas fatais, que geram um homem amargurado, que subiu a pulso, que nada ficou a dever aos seus contemporâneos, mas ao mesmo tempo um homem revoltado com o silêncio a que o votaram, irritado com os "medíocres" que o esquecem (chega a pensar-se, lendo-lhe as diatribes, que o que o apaziguaria seria a adulação desses "medíocres") e magoado com a ausência das sempre reclamadas análises de fundo aos seus trabalhos. A recolha a que Eugénio Lisboa procedeu de textos publicados na imprensa[3] é ilustrativa da travessia do deserto feita pelo criador de *O físico prodigioso*. Entre 1946 e 1968, tinha publicado oito livros de poemas, três peças de teatro, três livros de ficção, vinte e cinco estudos de crítica e investigação literárias e alguns prefácios, mas o que encontramos como retorno crítico dessa notável produtividade são meia dúzia de textos assinados por João Gaspar Simões (1946), Vasco Miranda (1951), David Mourão-Ferreira (1951), Adolfo Casais Monteiro (1955) e Mário Sacramento (1960 e 1967), bem escassa safra para um "egoísta" que tanto de si deu aos outros.

Foram vinte e dois anos anos de interiorização do rancor fermentados pela ausência de "eco". A homenagem da prestigiada revista soube-lhe a pouco. Queria, porventura, *lá ver outros*, que não lhe proporcionaram, porém, o almejado comprazimento.

A segunda razão a que atribuo o relativo desdém de Jorge de Sena à consagração de *O tempo e o modo* resulta do facto de uma substancial percentagem dos homenageadores ser constituída por jovens escritores, muitos deles sem "nome" e sem "passado" nas Letras, mesmo se já vinham dando provas de que seriam o "futuro" da Literatura Portuguesa. Creio que Sena, numa primeira avaliação, subestimou a importância dos depoimentos desses jovens, tão ocupado andava com os fantasmas que lhe povoavam as insónias. É que, entre os tais jovens, estavam, nem mais nem menos, Almeida Faria, Ruy Belo, José Augusto Seabra, Casimiro de Brito, João Rui de Sousa, E. M. Melo e Castro, Armando da Silva Carvalho, Fernando Guimarães, Rebordão Navarro e José Fernandes Fafe (ao lado dos consagrados David Mourão-Ferreira, José-Augusto França, José Blanc de Portugal, Ruy Cinatti, Vergílio Ferreira e Eduardo Lourenço), todos figuras de primeira linha – sabêmo-lo hoje – da geração revelada na década de sessenta ou um pouco antes e que era então, sem que Sena disso talvez se apercebesse, tributária, à distância, do seu magistério e sensível às motivações do conflito com que, com insuperável frontalidade e um feitio intratável, o homem de cultura alimentava a combustão do seu exílio perturbado.

Há boas razões para admitir que a sobranceria de Sena continha algo de virtual. Ao manifestar menosprezo pela homenagem de *O tempo e o modo* ao seu compatriota e amigo Adolfo Casais Monteiro, também exilado, foi por este posto severamente no seu lugar, isto é, duramente admoestado em relação ao que se perfilava agora como um sentimento de ingratidão

---

3 *Estudos sobre Jorge de Sena*, Eugénio Lisboa, INCM, 1984.

de todo injustificado. Casais Monteiro fez-lhe ver que o comboio da glória estava finalmente a passar por ele e que convinha apanhá-lo. E Sena não se fez rogado: meteu-se nele e desembarcou em Lisboa em 1969, onde foi alvo de uma recepção que qualquer grande vedeta não desdenharia para si.

Pode dizer-se que Jorge de Sena trincou então uma boa fatia do que sempre desejara: a glória. A glória física, a glória em vida, não a glória póstuma, que dizia repugnar-lhe. Em correspondência trocada com o seu amigo Adolfo Casais Monteiro, escreve, nomeadamente: "Os recortes de notícias e entrevistas são uma montanha impressionante... Com operação e tudo, e até por causa dela, a minha estada foi comovente – mas eu só desejava ver-me dali para fora, apesar do prazer de rever os amigos e de ter feito uma espécie de reconciliação nacional à minha volta... Eu chegava a sonhar com a solidão sem telefone, sem acesso, sem amigos, conhecidos, desconhecidos ou ex-inimigos, e sem as casas deles onde às vezes, para satisfazer as encomendas, tive de jantar duas vezes ao dia."[4]

A partir desta altura o discurso de Sena, especialmente o discurso poético, ganha algumas surpreendentes inflexões. O povo português deixa de ser ridicularizado como antiprotagonista do seu destino (*Terra de escravos / cu pro ar ouvindo / ranger no nevoeiro a nau do Encoberto*, 1961) para se tornar a vítima traída de "uns poucos" em 1971 e finalmente motor da revolução, em Abril de 1974, data que marca a sua reassunção como "português" orgulhoso do que acontece na pátria longínqua (*Chatins, ladrões e miseráveis fomos – mas fomos também grandes. Sê-lo-emos / ainda desta vez, na casa lusitana... E que ninguém venha cuspir-nos, muito menos nós*). As *nuances* "fomos", "sê-lo-emos" e "nós" introduzidas no discurso valem por uma reintegração completa – o poeta, inteligente e culto como é, sabe perfeitamente que "recados" está a enviar para o lado de cá do Atlântico. Labora, porém, no equívoco de se pensar como imagina que os outros o pensam. Não é reintegrável em coisa nenhuma o que aos olhos de toda a gente jamais chegou a desintegrar-se e que nunca passou do espectáculo do filho que tudo fez para impressionar a mãe com a sua "fala" e se revolve de ira contra a constância da surdez materna. Desde que ela melhore as capacidades auditivas e consiga articular alguns dos sons da linguagem do amor, o gigante rebelde vacila, repensa-se, percebe-se que se comove. Cai depois em si: tem uma imagem a preservar, é preciso que o *show* da ingratidão continue até ao fim – mas já ninguém o leva mais a sério, incluindo ele próprio.

---

4 Idem.

Objectivamente, Jorge de Sena produziu uma parte substancial da sua obra no estrangeiro em conflito afectivo frontal com a pátria. Nenhuma causa visível impede que essa obra possa ser considerada "literatura de exílio". Enquanto criador literário, Sena seguiu o percurso tradicional dos exilados portugueses, jamais se expatriando da sua língua e da sua cultura. Não há em Portugal autores equivalentes a Nabokov ou Isaac Singer, homens de *duas pátrias* culturais – tão pouco o escritor português quis em circunstância alguma assemelhar-se-lhes. João Gaspar Simões, o crítico que mais acreditou nas qualidades do autor de *O reino da estupidez*, pôs o dedo nessa ferida em aberto: "Mas o que punge nas páginas quer poéticas quer prosaicas, críticas ou não críticas – de Jorge de Sena é o fragor do seu sarcasmo, a ferocidade do seu humor, tendo em vista a cultura que, de modo algum, renega, uma vez que, renegando-a, seria como renegar-se a si próprio. Também para ele a sua *pátria era a língua portuguesa*."[5]

O lugar de exílio de Jorge de Sena foi sempre Portugal, ainda que tenha encontrado a morte em Santa Bárbara, Estados Unidos, quando era possuidor de um passaporte que lhe conferia a nacionalidade brasileira.

---

5 Ibidem.

Em Carcavelos, com Fiama[6]

A obra de Fiama Hasse Pais Brandão, poeta portuguesa nascida em 1938, é considerada uma das mais significativas da geração revelada nos anos sessenta. A escritora vive neste momento o drama de uma doença prolongada, circunstância que trouxe para primeiro plano trabalhos de datação mais recente nos quais há aspectos biográficos de que ressalta uma íntima relação com o lugar da infância e da adolescência – uma pequena quinta de Carcavelos, em cujo portão de ferro se lê ainda o nome: *Vivenda azul*.

A sua obra mais próxima do que geralmente se entende por autobiografia é no entanto o romance intitulado *Sob o olhar de Medeia*, publicado em 1998. Aí, o mundo que assiste ao crescimento de Marta, a protagonista, é mimado de modo tão ostensivo dos poemas em que o "sujeito" mais claramente se assume como produtor de sentido que somos tentados, numa primeira aproximação ao romance, a encará-lo como um daqueles textos que mais parecem autobiografia escondida com o rabo de fora – aquilo a que Helder Macedo chama "romance vindimado". Uma observação mais atenta propiciará, em todo o caso, inflexões na viagem da leitura que permitirão pelo menos duvidar que todo o romance seja confessional ou reprodução fiel da experiência vivida. Desde logo, o título levanta suspeitas. Medeia é uma das duas bruxas "boas" da Antiguidade Helénica – a outra, como se sabe, é Circe. O apelo ao concurso da tutela de Medeia implica o uso de poderes de transfiguração cujo alcance excede a capacidade de previsão do receptor desprevenido do texto.

Em princípio, Marta é Fiama, mas esta é também a Medeia detentora do dom de manipular o passado para o reconstruir reinventando-o, limpando-o de elementos disfóricos e introduzindo na descrição dele artifícios de efabulação de base onírica ou comprazendo-se na viciação imaginativa dos dados da memória.

A referencialidade do lugar perdura, todavia, na narrativa, com a exactidão de um retrato sem legenda. A escassez de informantes desencoraja o estabelecimento de coordenadas identitárias capazes de definirem administrativa e socialmente o sítio – só em dois dos últimos poemas de Fiama,

---
[6] Comunicação apresentada na Convenção da Associação Internacional dos Críticos Literários de Ripi, Itália, 2002.

com a menção de terem sido escritos em *Carcavelos*, vislumbra-se a contextualização toponímica da quinta. Sítio que é parceiro num processo de aquisição de conhecimento que decorre à margem da faculdade de nomear e de socializar, pois prevalece o ensinamento do mestre-escola de Marta, mentor da aprendizagem individual do mundo pela leitura dos mitos da Antiguidade. A quinta é a quinta, a Vila é a Vila, a praia é a praia, entidades inomináveis, "povoadas" por Ulisses e pelos Argonautas em demanda do Velo de Ouro. A ausência da crispação que a hegemonia do nome cristaliza à roda de certo modo de certificar o espaço cénico do paraíso, recorda a lição dos primitivos, radicalmente ligados à terra, alheios ainda a leis de organização civilizacional que virão um dia transformar em mito esse convívio directo com os elementos primordiais – a luz, a terra, o ar, a água, o fogo – aqui recuperados pelos poderes mágicos de uma feiticeira culta para dourar a arrumação literária de um singular percurso de descoberta.

Poderá então se falar, lendo o romance de Fiama, de um lugar sem nome, paridisíaco, de flora variada, exuberante, onde elementares saberes de cultivo e artes ancestrais de pastoreio combinam com a proximidade do mar e com as inclemências ou as amenidades climatéricas na constituição do palco sobre o qual as vidas de Marta e de Fiama são representadas em harmonia plena com a Natureza. Neste lugar não há luta de classes. A relação servo-amo perde sentido ante a inexistência de conflito e de aspirações reivindicativas por parte de quem se submete, o Caseiro, a quem submete, o Senhor da Casa, ou a Voz, como aparece sibilinamente caracterizado no processo revelador das tensões entre pai e filha.

Assim, da contiguidade *diferenças sociais/Natureza viva* ressalta a naturalização dessas mesmas diferenças que do futuro o olhar de Medeia torna ainda mais assépticas e destituídas de perigo. Os sinais de distúrbio e de fractura vêm, então, de Lázaro, o filho do Caseiro, ciumento dos desvelos prodigalizados pelo pai a Menina; dos rapazes pobres incitados por ele, Lázaro, a assaltarem a quinta para o roubo da fruta; dos lenhadores furtivos causadores do acidente de Jesus devido a um abate clandestino de árvores; da própria Marta, ao ser capaz de detectar na austeridade paterna cambiantes despóticas a que instintivamente se opõe e que o omnipresente olhar de Medeia não desautoriza, evita ou desdramatiza. Mas estes são focos isolados de revolta facilmente neutralizáveis pelas defesas do sistema, a época vigente, baseado no direito a propriedade, na desigualdade entre ricos e pobres e na supremacia do homem sobre a mulher – esta última consubstanciada na submissão da mãe de Marta às "orientações" do Senhor da Casa, com grande indignação da filha, que não encontra na que lhe deu o ser a aliada desejada contra o "ditador".

Sabemos que Marta abandonará um dia este seu paraíso vigiado, este mundo paradoxal de clausura e conforto típico de uma alta burguesia que prosperou à sombra da ditadura, para dilatar os horizontes de conhecimento entregando-se a causas edificantes, merecedoras de intervenção cívica activa. Aquela que Fiama define como uma "geração quase perdida" sacode-se do torpor para, independentemente da origem de classe, se bater contra a privação da liberdade de expressão do pensamento num quadro de repúdio pela guerra colonial, esse fenómeno que agitou a consciência da juventude portuguesa nos anos sessenta. O lance final de *Sob o olhar de Medeia* oferece-nos a imagem de uma Marta integrada numa manifestação estudantil que sobe a Avenida da Liberdade, em Lisboa, ao encontro da polícia de choque que a tiro tenta dispersar os contestatários.

Sabemos que Fiama, percorridos os caminhos da participação cívica, do amor, da maternidade, da dor, da realização literária por domínios tão diversificados como o teatro, o ensaio, a tradução, a poesia e o romance, regressa à quinta para, num último sobressalto suscitado pelo apelo das origens, acertar contas com os seus fantasmas mas também glorificar o lugar da aprendizagem da vida, sempre surpreendente na sua capacidade sazonal de renovação, sempre caixa de ressonância dos ruídos trazidos pelos ventos do norte ou pelas brisas oceânicas que nela despertam as vibrações do mundo reminiscente lavado pela ternura do olhar novo e sábio com que o revisita.

Os últimos livros de poemas de Fiama – *As fábulas*, *Espístolas e memorandos* e *Cenas vivas* – são um diálogo permanente com o lugar e os seus espíritos, um perscrutar minucioso de pistas que o cheiro da terra e a configuração dos espaços mantém intactas para que possa reescrever-se no soberano respeito por um imaginário criado a partir desse chão o último capítulo de um grande amor por ele. Em dois poemas, lê-se a palavra *Carcavelos*. Num endereço postal, lemos uma marca precisa: *Vivenda azul*. A quinta ainda lá está, não se sabe por quanto tempo mais assim, nas mãos de outros proprietários. Mas o que dela resta como testemunha de uma presença humana singular já só existe nos livros que as descrevem a ambas em versos luminosos e apaixonados.

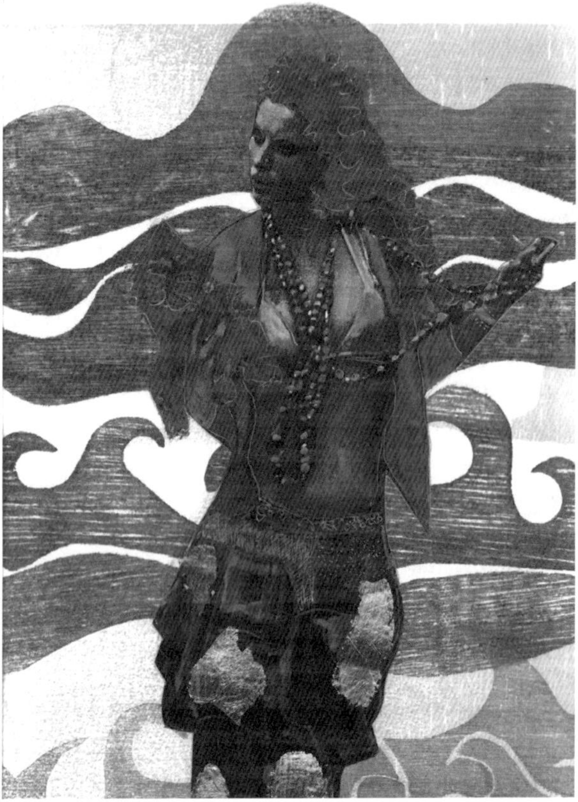

Dados sobre o Autor

Júlio Conrado (Olhão, Portugal, 1936). Romancista, poeta, dramaturgo, crítico literário. Vive no Concelho de Cascais desde os três anos. Foi funcionário da Câmara de Municipal de Cascais e bancário. Actualmente desempenha as funções de Director-Executivo da Fundação D. Luis I, de Cascais. Publicou o seu primeiro livro (contos) em 1963 e o primeiro ensaio literário na imprensa de âmbito nacional em 1965 (*Diário de Lisboa*). Tem colaboração dispersa no *Jornal de Notícias, Diário de Lisboa, O Século, A Capital* e *República*. Colaborações nas revistas de cultura *Latitudes*, Paris, e *Rua Larga*, da Reitoria da Faculdade de Letras de Coimbra. Durante vários anos assegurou o balanço literário no Jornal *O Século*. Exerceu crítica literária na *Vida Mundial*, no *Diário Popular*, no *Jornal de Letras* e na revista *Colóquio Letras*. Em 1964, fez parte da equipa fundadora do *Jornal da Costa do Sol*, jornal de que viria a ser director, a convite do seu amigo Jorge Miranda, por um curto período nos anos noventa (1994-1996). A página literária *Texto e Diálogo*, por si dirigida, apareceu neste jornal nos anos oitenta. Coordenou, com José Correia Tavares, o jornal *Loreto 13*, da Associação Portuguesa de Escritores. Coordenou ainda a revista de cultura e pensamento, *Boca do Inferno*, editada pela Câmara Municipal de Cascais. Está ligado às principais organizações portuguesas de escritores – Associação Portuguesa de Escritores, Pen Clube Português, Associaçao Internacional dos Críticos Literários e Associação Portuguesa dos Críticos Literários de cujos corpos sociais faz ou fez parte. Integrou os júris dos principais prémios literários portugueses. Participou, com comunicações, em congressos e encontros de escritores realizados em Portugal e no estrangeiro, nomeadamente, Havana, Neptun (Roménia), Nuoro (Sardenha), Lyon, Madrid, Valsini (Itália), Roma, Ripi (Itália) e Maputo. Fez parte das comissões executivas do II Congresso dos Escritores Portugueses (1982), I Congresso dos Escritores de Língua Portuguesa (Lisboa, 1989) e Colóquio da Associação Internacional dos Críticos Literários, (Lisboa, 1994); juntamente com Salvato Telles de Menezes, foi comissário para a literatura na Bienal da Utopia, (Cascais, 1997). Foi integrado na representação portuguesa que se deslocou, em 2000, ao *Salon du Livre*, de Paris, por iniciativa da editora *L'Inventaire*, e no qual foi apresentada a versão francesa de *Era a Revolução*

(*C'était la Révolution*), livro a que o jornal *Le Monde* se referiu elogiosamente. Como tradutor, Júlio Conrado estreou-se em 2002, vertendo para português *D. Carlos I, Rei de Portugal*, do escritor francês Jean Pailler. Em 2009, traduziu do francês *Isabel de Portugal, Princesa da Borgonha*, de Daniel Lacerda. Enquanto autor, alguns dos seus trabalhos estão traduzidos em alemão, francês, húngaro e inglês. A sua obra está referenciada em: *Dicionário da Literatura*, org. Jacinto do Prado Coelho, actualização de Ernesto Rodrigues, Pires Laranjeira e José Viale Moutinho; *Biblos*, ed. Verbo; *Dicionário Cronológico dos Autores Portugueses*, PEA / Instituto Português do Livro e da Leitura; O Grande Livro dos Portugueses, Círculo de Leitores; *A Enciclopédia*, Verbo / Público, *Projecto Vercial* (Internet). Figura com um pequeno ensaio na antologia organizada por Eugénio Lisboa, *Estudos sobre Jorge de Sena* e a sua obra é referida em *Outros Sentidos da Literatura*, de Duarte Faria, *A paisagem interior*, de José Fernando Tavares, *Verso e prosa de novecentos*, de Ernesto Rodrigues, *Ficção portuguesa de após-abril*, de Ramiro Teixeira, *Breves & longas no País das Maravilhas*, de Annabela Rita, *Arca de Gutenberg*, de Serafim Ferreira, *Ensaios de escreviver*, de Urbano Tavares Rodrigues e *Indícios de oiro*, de Eugénio Lisboa. Eduardo Lourenço menciona *Era a revolução* no livro de ensaios *O canto do signo*. A maioria das comunicações que apresentou em congressos da A.I.C.L. está publicada em versão francesa na revista desta organização internacional de críticos literários, sedeada em Paris. Escreveu prefácios para livros de José Jorge Letria, Salvato Telles de Menezes, Luís Souta, Ana Viana, José d'Encarnação, Jorge Marcel e Emerenciano. Colaborou com depoimentos no catálogo alusivo aos 50 anos de vida literária de Fernando Namora, nos volumes *A David* e *A Sophia*, com que o Pen Clube Português homenageou David Mourão-Ferreira e Sophia de Mello Breyner na morte destes poetas, no livro *Leituras de José Marmelo e Silva*, organizado por Ernesto Rodrigues, e com um balanço literário no catálogo do Instituto do Livro para a Bienal de S. Paulo de 1992. Em 2008, foi publicado o livro de carreira *De tempos a tempos*, trabalho que cobre quarenta e cinco anos de vida literária e constitui uma bem documentada panorâmica da sua obra.

Livros publicados:

A prova real, contos, ed. do A., 1963.
Clarisse, amargura, dezembro, contos, ed. do A., 1969.
O deserto habitado, romance, Prelo, 1974, 2ª ed. Âncora, 2004.
A felicidade antes de abril, romance, Parceria A. M. Pereira, 1976.

Era a revolução, romance, Parceria A. M. Pereira, 1977, 2ª ed. Editorial Notícias,1997, *C'Était la Révolution*, Editions l'Inventaire, Paris 2000.
Ou vice-versa, crónicas, Regra do Jogo, 1980.
Dedicado a Eva, poemas, ed. do Autor, 1983; publicação de seis poemas deste livro na revista *Poésie première* (nº 20), França, 2001.
As pessoas de minha casa, romance, Círculo de Leitores, 1985, 2ª ed. Vega,1986.
Olhar a escrita, ensaios, Vega, 1987.
Gente do metro, contos, Vega, 1989 (Prémio Cidade do Montijo); o conto *Gente do metro* foi incluído em *Mai Portugál Elbeszélók,* antologia húngara de contos portugueses, Budapeste, 2000.
Lisboa, as lojas de um tempo ao outro (texto), Editorial Notícias, 1994.
Lugares de cascais na literatura (org. e prefácio), Ed. Notícias 1995, 2ª ed. Hugin, 2001.
Lisboa, as lojas de um tempo ao outro (texto), II volume, Ed. Notícias 1997.
Maldito entre as mulheres, romance, Edições Colibri, 1999.
O som e a dúvida, ensaio, Hugin, 1999.
De mãos no fogo, romance, Ed. Notícias, 2001.
Desaparecido no salon du livre, romance, Bertrand, 2001.
Ao sabor da escrita, ensaios, Universitária Editora, 2001; inclui o ensaio *A poesia portuguesa depois da revolução de abril*, publicado na Alemanha em *Portugal Heute*, Vervuert, e *Portugiesische Literatur*, Suhurkamp, 1997; a versão inglesa deste mesmo ensaio foi incluída na revista *Projected Letters*, nº 4 (Internet), 2005, em tradução de Jean Pailler.
Desde o mar, Carcavelos Praia e outros poemas, Indícios de Oiro, 2005.
Nos enredos da crítica, ensaios, Instituto Piaget, 2006.
Querido traficante, romance, Campo da Comunicação, 2006.
Estação ardente, romance, Prémio Vergílio Ferreira/Gouveia 2006, Campo da Comunicação, 2007.
De tempos a tempos, Antologia Pessoal, Antologia Crítica, Roma Editora, 2008.
O corno de oiro, Teatro, Roma Editora, 2009.

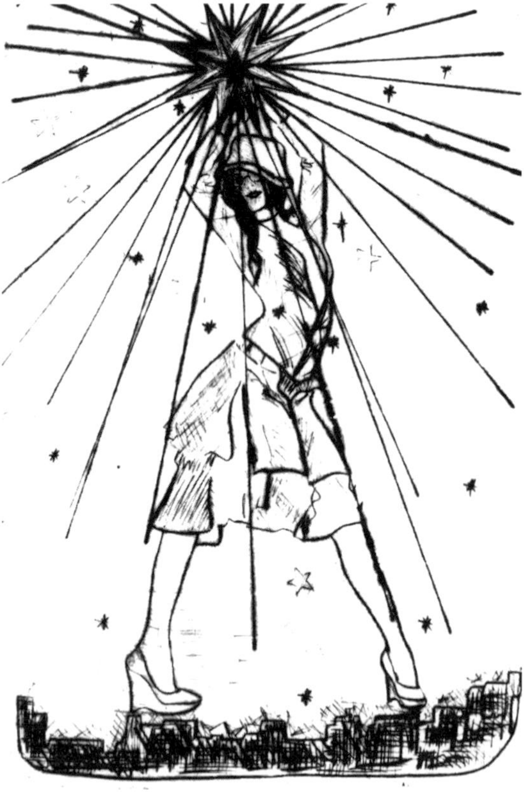

Dados sobre a Artista

Carola Trimano (Brasil, 1970). Inicia sua formação no berço: filha de artistas, desde cedo convive com as mais diversas linguagens de todos os mestres que frequentavam o *atelier* de seus pais: Aldemir Martins, Darcy Penteado e Alex Vallauri, com os quais mais se identifica hoje. Cursa a Escola Preparatória de Bellas Artes de La Pampa e Psicopedagoga na El Salvador de Buenos Aires. Frequenta diversos *ateliers* de pintura, desenho, escultura e se especializa em técnicas de papel machê com os artesãos do secular carnaval de Nice (França), onde viveu. Nessa mesma época viaja bastante por Itália e Espanha, sempre aprimorando o aprendizado artístico. No final da década de 90, volta ao Brasil, cria uma linha de objetos de papel feitos com material reciclado, realiza e assina junto com Aldemir Martins uma série de gatos e pássaros tridimensionais "pinçados" de telas e gravuras do artista. Funda o Projeto Pássaro de Papel. Atualmente desenvolve gravuras, pinturas, colagens, esculturas, objetos e brinquedos para lojas de *design*; realiza cenografias, ambientações, figurinos e vitrines; ministra *workshops* de reciclagem em várias instituições como colégios, projetos sociais profissionalizantes, SESC etc. Mantém o *Pássaro de Papel* (http://passarodepapel.blogspot.com): espaço dedicado ao estudo, pesquisa e desenvolvimento de diversas manifestações culturais ligadas à arte sobre papel. Um laboratório de novas técnicas sustentáveis reverberado em mostras, palestras e oficinas todas focadas em propostas evolutivas em busca do verdadeiro conhecimento e de abertura de consciência.

Contato: passaro.de.papel@uol.com.br

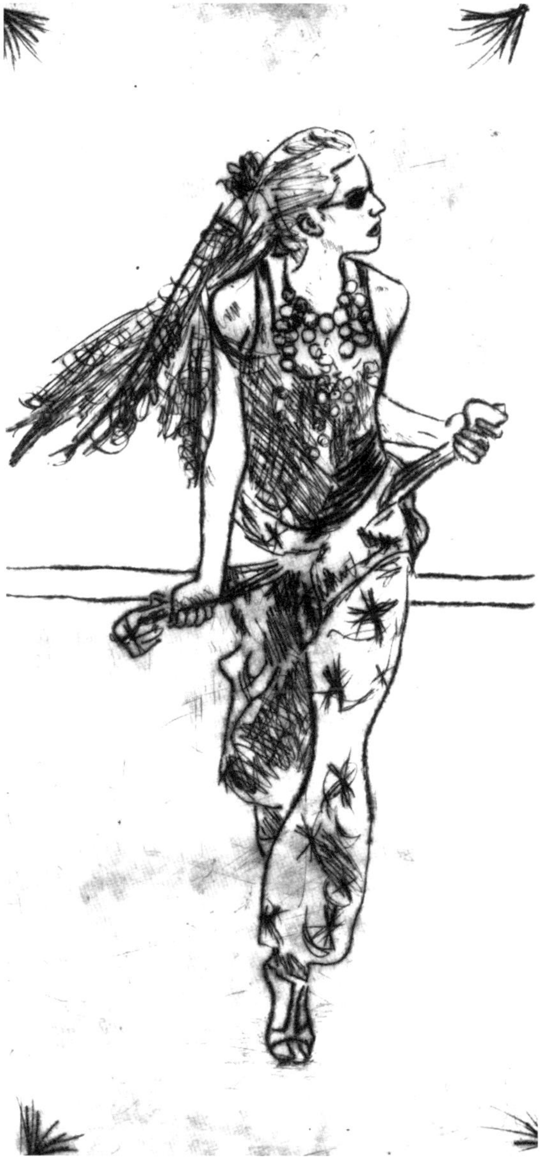

Impresso em São Paulo, SP, em outubro de 2010,
com miolo em off-set 75 g/m²,
nas oficinas da Graphium.
Composto em Caecilia, corpo 9 pt.

Não encontrando esta obra nas livrarias,
solicite-a diretamente à editora.

Escrituras Editora e Distribuidora de Livros Ltda.
Rua Maestro Callia, 123
Vila Mariana – São Paulo, SP – 04012-100
Tel.: (11) 5904-4499 / Fax: (11) 5904-4495
escrituras@escrituras.com.br
vendas@escrituras.com.br
imprensa@escrituras.com.br
www.escrituras.com.br